Gewidmet meiner Mutter
Dr. Uta von Aretin

ISBN 978-3-945543-69-6

Gestaltung und Satz: Karin Miller
Lithografie: Jan Russok
Druck und Bindung: ForPress, Nitra

Besuchen Sie uns im Internet unter www.esverlag.de

Felicitas von Aretin

Ungewöhnliche Unternehmerinnen *und das Geheimnis ihres Erfolgs*

ELISABETH
SANDMANN
VERLAG

Gewitzt, mutig und stark

»Ich habe es nie anders erlebt, als zu arbeiten und auch Familie zu haben«, berichtet die vierfache Mutter Antje von Dewitz. Als Inhaberin des Familienunternehmens »Vaude« orientiert sie sich an ihrer Vision einer besseren Welt, um den Bergsteigerausstatter nachhaltig und familienfreundlich umzustrukturieren. »Ich möchte anderen Mut machen, der eigenen Werte bewusst zu werden, Stellung zu beziehen und sich nicht von Widerständen abhalten zu lassen.«

Genau dies eint die porträtierten Frauen meines Buchs, die im weitesten Sinn aus dem Dienstleistungs-, Kunsthandwerk-, Schmuck-, Mode- und Kosmetikgewerbe kommen: die Eigentümerin des Münchner Luxushotels Bayerischer Hof, Innegrit Volkhardt, die Wiener Buchhändlerin und Bestsellerautorin Petra Hartlieb ebenso wie Viktoria Frister, die es mit ihrem Start-up »Fleurs de Paris« in das Forbes-Ranking »30 under 30 Europe« schaffte.

Aktiv werden und Schwierigkeiten in Chancen verwandeln

Es eint die Geigenbauerin Julia Maria Pasch, die Musikerinnen und Musikern Instrumente auf den Leib schneidert, und die Geschäftsführerin der Herrmannsdorfer Landwerkstätten, Sophie Schweisfurth, die für tiergerechte Schweinehaltung kämpft.

Mich interessiert, was die porträtierten Unternehmerinnen antreibt, wie sie ihre Ängste in Energie umsetzen, aktiv werden und Schwierigkeiten in Chancen verwandeln. Mich interessiert, welche Werte sie ihren Kindern vermitteln, wer sie unterstützt und wie sie mit Scheitern und Stress umgehen. Die Corona-Pandemie hat Wertesystem und politische Überzeugungen der Unternehmerinnen geschärft und gezwungen, Erfolgsmodelle, Strukturen und Glaubenssätze zu hinterfragen. Klar ist, die Arbeitswelt wird sich ändern, mehr Homeoffice, Onlinegeschäft, mehr Social-Media-Marketing und weniger Dienstreisen werden sich durchsetzen. Mitten in der Pandemie ist offen, wie radikal der Wandel tatsächlich vonstattengehen wird. Es ist offen, was es langfristig mit den Frauen macht. Denn im Jahr der Krise gehören Frauen weltweit zu den Verliererinnen. Immerhin tragen sie ohnehin die Hauptlast der Care-Arbeit, nun noch verschärft durch Homeschooling der Kinder und das Kümmern um die oft vereinsamten Älteren. In Krisen verlieren Frauen häufiger ihre Jobs oder werden gar nicht erst eingestellt. Frauen und Kinder sind häufiger von häuslicher Gewalt und dem Absinken in Armut bedroht.

Langfristig gesehen könnte die Krise für Frauen zur Chance werden, wenn die Pandemie tatsächlich zu einem Umdenken der Gesellschaft führt und sich »bessere Kommunikation«,

»Solidarität«, »Nachhaltigkeit«, »Flexibilität in der Arbeitszeit«, »eine neue Bewertung sozialer Arbeit« und »innovative Führungskulturen« durchsetzen. »Wandel beginnt als verändertes Muster von Erwartungen, von Wahrnehmungen und Weltverbindung«, schreibt der Zukunftsforscher Matthias Horx kurz nach Ausbruch der Pandemie.

Die in dem Buch porträtierten historischen wie aktuellen Start-up-Gründerinnen und Unternehmerinnen in Familienbetrieben zeigen, dass sich mutige und innovative Frauen von Krisen noch nie haben abhalten lassen, weil sie ihr Leben nach ihren Bedürfnissen krisenfest eingerichtet haben. Dabei fällt die Einheit von Arbeit und Leben und das Zusammenspiel in der Partnerschaft auf: Oft steht hinter einer erfolgreichen Frau ein unterstützender Mann, eine Partnerin oder eine ganze Familie: Die Winzerin Juliane Eller holt Eltern, Schwestern und Großmutter an Bord – und ist als Jüngste die anerkannte Chefin. Bei der Gewürzhändlerin Viola Fuchs kümmert sich ihre Partnerin um die drei gemeinsamen Kinder. Die Schmuckdesignerin Tamara Comolli wird durch ihren Mann entlastet.

In der Geschichte sind Krisen Innovationstreiber, aus denen sich ungeahnte Chancen entwickeln. Weil Frauen und Kinder sich aus Scham nicht von männlichen Ärzten untersuchen lassen wollten und die Sterblichkeit steigt, werden Frauen im ausgehenden 19. Jahrhundert widerwillig zum Medizinstudium zugelassen, was zu Beginn des 20. Jahrhunderts zu einer allmählichen Öffnung anderer Fächer und verbesserten Berufschancen für Akademikerinnen führt. Der Wirtschaftsaufschwung und die beginnende Frauenemanzipation münden 1958 in Deutschland in dem Gesetz über die »Gleichberechtigung von Mann und Frau«, wonach Frauen unabhängig von der Zustimmung ihres Mannes arbeiten und Gehalt und Vermögen verwalten können.

Gleichzeitig können gesellschaftliche wie politische Krisen zu einer »Retraditionalisierung« führen. Bereits Erreichtes wird infrage gestellt, alte Rollenklischees und Stereotype werden wiederbelebt, wonach Frauen von ihrer körperlichen Konstitution zu schwach, von ihrem »Nervengerüst« durch Hormonschwankungen zu labil seien, um berufstätig zu sein oder gar einen Betrieb zu führen. Während der Diktatur der Nationalsozialisten werden die in der Weimarer Republik errungenen Fortschritte zurückgedrängt, Frauen aus ideologischen Gründen auf ihr Dasein als Ehefrau und Mutter beschränkt. Nach 1933 drängen die Nationalsozialisten Frauen systematisch aus Schule und Beruf. Der Frauenanteil an Universitäten wird auf zehn Prozent beschränkt. Berufsverbände werden aufgelöst oder gleichgeschaltet. Mitglieder von Frauenklubs wie den »Soroptimistinnen« oder »Zontas« treffen sich – wegen der hohen Anzahl jüdischer Frauen – im Untergrund.

Geschlechterklischees und Stereotype wirken besonders, und das vereinzelt bis heute, bei Gründerinnen und Unternehmerinnen nach: In Familienbetrieben herrschten lange patriarchalische Strukturen. Ehrgeiz, Durchsetzungs- und Machtwille – notwendige Eigenschaften, um einen Betrieb zu führen – galten als männliche Eigenschaften. Die vielfach porträtierten Vorzeige-Unternehmerinnen wie die Modeikone Coco Chanel, die konkurrierenden Kosmetikerinnen Helena Rubinstein und Elizabeth Arden, Teddy-Herstellerin Margarete Steiff oder Hotel-Erbin Anna Sacher haben sich deshalb ohne kaufmännische Lehre oder Studium an die Spitze gearbeitet. Coco Chanel, Helena Rubinstein, Elizabeth Arden und Margarete Steiff verfügen über kaum oder wenig Startkapital, dafür über einen eisernen Willen, Profitstreben und Durchsetzungsvermögen. Auch Anna Sacher, Tochter eines Metzgers, ist die Führung eines Grandhotels nicht in die Wiege gelegt. Bald macht sie das Wiener Hotel zum Treffpunkt der Hautevolee, leitet das Hotel mit eiserner Hand und entspannt sich bei Zigarre und mit ihren Bulldoggen.

»Ich bleibe Unternehmerin und ich bin nicht gebrochen, ich wanke auch nicht«

Wie die neue Studie von Christiane Eifert »Deutsche Unternehmerinnen im 20. Jahrhundert« zeigt, gehören Firmeninhaberinnen zum regulären Wirtschaftsleben – sind nur oft vergessen. Ich habe mich deshalb entschlossen, neben der bekannten Puppenmacherin Käthe Kruse mir unbekannte Unternehmerinnen zu porträtieren. Häufig waren es Schicksalsschläge wie der Tod des Ehemanns, eine Scheidung, der Verlust des Arbeitsplatzes des Mannes, der Frauen zwang, das Ruder in die Hand zu nehmen. Nach dem frühen Tod ihres Mannes baut seine Witwe Therese Randlkofer das Münchner Feinkostgeschäft Dallmayr zum ersten Haus am Platze aus, das in- und ausländische Fürsten, Staatsmänner und Künstler belieferte. Als Anna Demels Mann sich nach Paris absetzte, fackelt die Verlassene nicht lange und führt das Wiener Traditionscafé geschickt durch die Zeitläufte, wobei sie besonders auf ein gutes Marketing achtet. Die vielfache Stiefmutter Pauline Zimmerli, die in der Arbeitslosigkeit ihres Mannes maschinell gestrickte Feinstrümpfe herstellt, legt hiermit den Grundstein der Schweizer Firma Zimmerli.

Heute wirken viele der aufgezeigten historisch-tradierten Klischees fort: Laut neuester Studien wurden nur vier Prozent der Start-up-Unternehmen in Deutschland allein von Frauen gegründet. Hierfür ist das Fehlen einer guten, sozialen Betreuungsstruktur ebenso verantwortlich wie der Wunsch vieler Frauen, Familie und Beruf unter einen Hut zu bringen, weshalb eine sichere Festanstellung vorgezogen wird. Auch sind Frauen in den sogenannten MINT-Fächern unterrepräsentiert, aus denen oft Start-ups hervorgehen. Studien zeigen, dass Frauen bei der Finanzierung auf höhere Hürden stoßen als Männer und seltener Kredite zur Unternehmensgründung bekommen. Viele Frauen verfügen zudem über zu wenig Selbstbewusstsein, um eine Unternehmensgründung zu wagen. Und: Es herrscht besonders in Deutschland eine tiefsitzende Angst vor dem Scheitern, das vielfach mit einem persönlichen Versagen gleichgesetzt und deshalb gefürchtet wird. Die Corona-Krise hat insbesondere im Hotel- und Gaststättengewerbe und in der Modebranche zu erheblichen finanziellen Verlusten geführt, die – wie bei den Restaurants und dem Cateringservice der Starköchin Sarah Wiener – zur Schließung führen können. In einem ZEIT-Interview über das »Scheitern« befragt, antwortet Sarah Wiener: »Ich bleibe Unternehmerin und ich bin nicht gebrochen, ich wanke auch nicht.«

Die Führung gerade von kleinen und mittelständischen Unternehmen war lange Männersache. Heute rücken Ehefrauen und Töchter an die Spitze, wie die prominenten Beispiele von Friede Springer (Springer AG), Kim-Eva Wempe (Juwelier Wempe), Hubertine Underberg-Ruder (Schweizer Underberg-Holding) oder Maria-Elisabeth Schaeffler (Schaeffler AG) zeigen. Doch auch im Jahr 2020 sind Töchter für Väter oft zweite Wahl. Vielfach funktioniert der Weg an die Spitze für Töchter mit Übernahme eines Teilbereichs oder eine längere Zeit neben dem Vater her. Auch in diesem Buch lassen sich hierfür Vorbilder finden: Weder die Inhaberin des Hotel Bayerischer Hof, Innegrit Volkhardt, noch die Inhaberin des Auktionshauses Neumeister, Katrin Stoll, noch die Weingutsbesitzerin Juliane Eller haben einen Bruder. Dafür könnten Unternehmermütter ihren Töchtern Mut machen: So kocht die Tochter der Starköchin Douce Steiner, Justine, heute in Sulzburg und die Tochter der Modedesignerin Beatrice von Tresckow, Fredi Gardiner, leitet die Berliner Filiale und entwirft ihre eigene Kreation.

Die guten Posten gehen in der Regel oft noch an Männer

Der Anteil von Frauen in großen Unternehmen ist seit Einführung der Frauenquote 2015 immerhin auf über dreißig Prozent gestiegen. In Dax-Konzernen sind derzeit 12,8 Prozent der Vorstände weiblich. Beim »Global Gender Gap Report« 2020, bei dem das World Economic Forum 153 Länder vergleicht, hat sich Deutschland auf Platz zehn vorgearbeitet - nach Nicaragua und Ruanda. Der Aufstieg ist vor allem den vielen Spitzenpolitikerinnen zu verdanken, die die Kanzlerschaft von Angela Merkel hervorgebracht hat. Bei der Machtbeteiligung in der Wirtschaft liegt Deutschland abgeschlagen auf Platz 68. Hierfür sorgen Geschlechterstereotype und eine fehlende Infrastruktur bei der Kinderbetreuung.

Ein gerütteltes Maß an Rebellion, Visionen, Geduld, Kreativität, Durchhaltewillen und die Fähigkeit, an sich zu glauben

Dabei schneiden beim Abitur Mädchen besser ab als Jungen. Bei den Studienanfängern haben Frauen die Männer eingeholt und Männerbastionen geknackt: Architektur, Medizin und Jura studieren inzwischen mehr Frauen; Betriebswirtschaftslehre ist ausgeglichen und sogar bei der Verfahrenstechnik und Chemie nähern sich die Geschlechter an. Die Zahl der Frauen, die arbeiten und ihren Lebensunterhalt verdienen, nimmt systematisch zu: Nur die guten Posten, die gehen in der Regel oft noch an Männer, und dies nicht zuletzt, weil bei Frauen nach wie vor der Hauptteil der Care-Arbeit liegt und die männlich geprägten Arbeitsstrukturen nicht zu ihrem Leben passen. »Gründen Frauen anders« ist eine beliebte Überlegung, wenn es darum geht, zu erklären, warum es so wenige Jungunternehmerinnen gibt. In der Krise verdichten sich die Ergebnisse, wonach Frauen schon deshalb anders agieren, weil sie vor anderen Herausforderungen stehen, andere Hürden überwinden müssen, mit anderen Vorurteilen zu kämpfen haben und es wenig Vorbilder gibt.

Schon vor der Corona-Krise hielten innovative Wirtschaftswissenschaftlerinnen und Geschäftsführerinnen die oft noch auf männliche Bedürfnisse ausgerichtete Führungs- und Unternehmenskultur für überholt. So auch die Salesforce-Geschäftsführerin Petra Jenner, die die männlich geprägte Führungskultur für gescheitert hält und dauerhaft von einer »Feminisierung der Gesellschaft« ausgeht und das aufgrund von wirtschaftlichem Druck, Wachstumsdefiziten und den Alterungsprozessen in den westlichen Gesellschaften. »Unsere Wirtschaft wird langfristig ausbrennen und scheitern, wenn sie weiter vorwiegend von Männern geführt wird«, so Petra Jenner. Es wäre zu wünschen, dass die Krise hier zu einem Innovationstreiber würde und noch mehr kreative wie durchsetzungsstarke junge Frauen Start-ups gründen oder die väterliche Firma übernehmen würden.

Vorbilder finden Sie in dem vorgestellten Buch, in dem Gründerinnen und Unternehmerinnen Mut machen, das Glück auch und ganz besonders in schwierigen Zeiten in die eigenen Hände zu nehmen. Dazu braucht es ein gerütteltes Maß an Rebellion, Visionen, Geduld, Kreativität, Durchhaltewillen und die Fähigkeit, an sich zu glauben. Das wusste im Übrigen auch schon die schwedische Schriftstellerin Astrid Lindgren, die jungen Frauen den Rat gab: »Lass Dich nicht unterkriegen, sei frech, wild und wunderbar.«

Von Geigenbögen und
Puppenkörpern

Traditionelle
HANDWERKS-KUNST
neu gedacht

Wo die Kunst aus
feinster Verarbeitungstechnik,
hoher Qualität und Stilgefühl entsteht

1883–1968

Käthe Kruse *Puppenmacherin*

»Puppen sind zum Liebhaben da« *Wie die Unternehmerin Käthe Kruse ein Weltimperium schuf*

»Im Ganzen war das Leben wunder-wunderschön«, antwortet die weltbekannte Puppenherstellerin Käthe Kruse auf die Frage der Wochenzeitschrift DIE ZEIT: »Alt geworden in Deutschland. Welche Jahre waren die glücklichsten?« Der Fotograf Stefan Moses fängt 1963 das Charisma der Achtzigjährigen ein, die mädchenhaft eine Puppe ans Herz drückt. Da liegt hinter der Breslauerin ein erfolgreiches Leben, das ihr als nichteheliches Kind einer Näherin und eines Beamten nicht in die Wiege gelegt worden ist. Ihre Kindheit ist von Armut geprägt. Ihr Vater steht nicht zu seiner »Zweitfamilie«, worüber die Mutter verbittert. Sie versucht deshalb, mit Ausbessern und Näharbeiten ihre Tochter alleine durchzubringen.

Eines ist deshalb klar: Käthe Simon will dem Kleine-Leute-Milieu entfliehen. Als Jugendliche besucht sie mit ihrer Tante Vorstellungen im Lobe-Theater, das naturalistische Stücke von Gerhart Hauptmann und Henrik Ibsen spielt. »Am ersten Tage nach meiner Entlassung aus der Schule begab ich mich zu Direktor Löwe ins Stadttheater. Keine Stunde meiner erträumten künftigen Bühnenlaufbahn wollte ich versäumen«, äußert Käthe Kruse. Sie nimmt Unterricht bei dem Schauspieler Otto Gerlach. Dieser vermittelt sie an das Berliner Lessingtheater, wo ihr unter dem Künstlernamen Hedda Somin ein »kometenhafter Aufstieg« mit einer Gage von 250 Mark gelingt. »Über Mangel an Tätigkeit hatte ich nicht zu klagen. Täglich wurde den Vormittag über geprobt, abends stand ich auf der Bühne. Und war ich einmal frei, lief ich in die anderen Theater, denn ich wollte doch alles sehen, alles lernen«, erinnert sie sich. Insbesondere lernt sie Theaterintrigen kennen, zumal sie auch im Kabarett »Überbrettl« auftritt, das 1901 als erstes deutsches Kabarett in Berlin eröffnet.

Berlin um die Jahrhundertwende ist in Fragen von Kunst und Literatur zerrissen, denn neben der kaiserlich geförderten Historienmalerei opponieren Avantgarde-Künstler gegen die offizielle Kunstpolitik und tauchen Landschaften und Personen in ein impressionistisches Licht. In der Musik begegnet das Bürgertum der atonalen Musik eines Arnold Schönberg mit Unverständnis. Der Kaiser verlässt 1911 die Erstaufführung von Richard Strauss' »Rosenkavalier«. Selbst der bekannte Bildhauer Max Kruse, der mit der Statue »Der Siegesbote von Marathon« reüssiert, schließt sich der Berliner Sezession an.

Für den Intendanten Max Reinhardt entwirft er 1902 den ersten Rundhorizont im Theater, der erstmals überhaupt einem Sternenhimmel Tiefe verschafft.

Im gleichen Jahr lernt Max Kruse auf einem Gesindeball Käthe Simon kennen. Bald entspinnt sich zwischen der gefühlvoll-emotionalen Breslauerin und dem neunundzwanzig Jahre älterem Bildhauer eine Liebesbeziehung voller Aufs und Abs: Die vor Energie sprühende Käthe Simon bewundert den erfahrenen Künstler, der ihr von Herkunft und Können überlegen ist. »Und nun eröffnete mir ein Großer, Überlegener, Bewunderter den Blick in sein Schaffen und Denken und – in sein Herz«, heißt es in ihren Lebenserinnerungen. Wenig später wird sie schwanger. Damit scheint sich das Schicksal ihrer eigenen Mutter zu wiederholen: Denn der geschiedene Vater von vier Kindern tritt für die freie Liebe ein und denkt nicht daran, seine Geliebte zu heiraten. Als sich zwei Jahre nach der Geburt der Tochter Maria ein weiteres Kind ankündigt, zwingt Max Kruse Käthe, Berlin zu verlassen, um den eigenen Erfolg nicht zu gefährden. Gemeinsam mit Mutter und zwei Kleinkindern zieht Käthe nach Italien und findet Zuflucht auf dem Monte Verità, wo eine Gemeinschaft von Aussteigern neue Lebensformen erprobt. Auf Kruses Geheiß hatte Käthe aufreizende Kleider und Frisur gegen wallende Reformkleider und hochgesteckte Zöpfe eingetauscht.

Ein Foto zeigt Käthe, wie sie hingebungsvoll ihre Tochter Sofie stillt, im Vordergrund die nackte Maria. Max Kruse hat diese Fotografie bei einem seiner raren Besuche im Tessin aufgenommen. Ist er da, lebt Käthe auf; ist er fort, fühlt sie sich einsam. »Wie oft und doch für mich wie selten kam Max. Schlimm war, daß er immer wieder abfuhr«, schreibt sie in ihr Tagebuch. Da ist sie mit ihren Töchtern nach Roccolo, in einen spärlich möblierten ehemaligen Vogelfängerturm gezogen, wo sie ein spartanisches Leben führt. Sie hilft der an Tuberkulose erkrankten Mutter beim Nähen und versucht, sich dichtend und malend Max Kruse anzunähern.

Dies gelingt ihr auf unerwartete Weise: Als Maria sich eine Puppe wünscht, wird der Vater beauftragt, diese in Berlin zu besorgen. Er findet keine kindgerechte und versteigt sich zu dem oft zitierten Satz: »Macht euch selber welche!« Die damenhaften Puppen sind mit ihren Köpfen aus Biskuitporzellan und den feinen Kleidern nicht zum Spielen da, sondern sollen Töchter auf ihre künftige Rolle als Ehefrau und Mutter vorbereiten. Dagegen setzt die Reformpädagogik auf kindgerechte Puppen zum Liebhaben. Und genau so eine Puppe aus einem Sandsack und Kartoffeln stellt Käthe Simon her. Als Vorbild dienen Madonnendarstellungen mit Kind von Andrea del Verrocchio und Leonardo da Vinci. Angeregt von ihrem Geliebten entwickelt die ehemalige Schauspielerin Puppen zum Kuscheln.

Max Kruse lässt sich bitten. So ist er weder bei dem Tod seiner »Schwiegermutter« 1906 anwesend, noch bei der Geburt seines tot geborenen Sohnes zwei Jahre später. Doch scheint der Tod des Sohnes Johannes Max Kruse zum Einlenken gebracht zu haben: Für eine Stelle in München braucht Kruse geordnete Verhältnisse und heiratet seine Geliebte 1909. Nach den schwierigen Jahren in Italien bedeutet Käthe Kruse die Ehe nicht mehr viel: »Für ein Mädchen wärs ihm nicht in den Sinn gekommen. Ich ging so ziemlich empört mit ihm in München aufs Standesamt und freute mich schrecklich später, daß das nächste wieder ein Mädchen war, mein Hannerle.«

Parallel zur wachsenden Kinderschar gewinnen Käthe Kruses Puppen an Lebendigkeit. In der Wohnung in der Berliner Fasanenstraße, wo die Familie Kruse inzwischen wohnt, herrscht betriebsames Chaos. Hier liegt ein Puppenarm, dort ein Kleid, dort ein Kinderhemdchen. Da erhält Käthe Kruse vom Warenhaus Tietz die Aufforderung, an der Ausstellung »Spielzeug aus eigener Hand« teilzunehmen. In Windeseile stellt Käthe Kruse im Wohnzimmer, unterstützt von Näherinnen, schlichte, biegsame Puppen in weißen Babyjäckchen, Mützen und Sommeranzügen her, die sie kunstvoll im Schaufenster drapiert. Ganz Berlin will »die Puppen zum Liebhaben« schmusen, die das Ebenbild eines Kindes sind. Käthe Kruse hat mit diesem Erfolg nicht gerechnet. »Ich hatte mir gar nichts Böses dabei gedacht und niemand war wohl überraschter als ich, daß ich durch diese Ausstellung buchstäblich über Nacht eine berühmte Frau wurde.«

Nach einem gescheiterten Versuch, die Puppen industriell herzustellen, kommt die Rettung für die handwerklich aufwendige Puppe aus den USA, wo die kindgerechten Stoffpuppen schon lange üblich sind. Für die Firma F.A.O. Schwarz fertigt die »Puppenmutter« 150 Puppen, ein weiterer Auftrag über 500 Puppen folgt. Bald wird klar: Die Berliner Fasanenstraße wird zu klein, um die Puppenproduktion in Heimarbeit zu erledigen. Ohnehin braucht Max Kruse seine Ruhe.

1912 zieht die Familie daher in das beschauliche Bad Kösen in ein Musterhaus des bekannten Architekten Paul Schultze-Naumburg, der einerseits der Berliner Sezession angehört, andererseits für Wilhelm II. Landhäuser und Schlösser baut. In dem Luftkurort mit seinen 3.000 Einwohnern und rund 4.600 Badegästen, nur acht Kilometer von Naumburg entfernt, baut die inzwischen fünffache Mutter eine Werkstatt auf, in der jede Puppe von Arbeiterinnen in weißen Kitteln individuell hergestellt wird. Im Ersten Weltkrieg versucht die erfolgreiche Unternehmerin, ihre von Rohstoffmangel betroffene Produktion am Laufen zu halten und sich den Zeitläuften anzupassen. Einerseits stellt sie ab 1916 »Potsdamer Soldaten«, andererseits Puppenstubenpuppen her.

Kurz nach dem Krieg sind die Auftragsbücher – trotz einer Krise der Spielwarenindustrie – prall gefüllt. Käthe Kruse beschäftigt bis zu 120 Mitarbeiterinnen und behält sich vor, die Qualität jeder einzelnen Puppe zu überprüfen. Um sich an die Nachkriegsbedingungen anzupassen, entwickelt sie preiswerte Puppen wie beispielsweise das lachende »Schlenkerchen« oder die Puppe »Das deutsche Kind« mit Echthaarperücke, das ihrem kleinen Sohn Friedebald nachempfunden ist. Außerdem setzt sie mit Werbebroschüren und Postkarten auf Marketing, in dem sie sich als perfekte Mutter inszeniert. »Die Markenbotschaft lautete: Käthe Kruse ist eine großartige, vielfache Mutter, die wundervolle Puppen herstellt, die wiederum helfen, kleine Mädchen zu liebevollen, treusorgenden Müttern zu erziehen.«

»Meine Mutter regierte ihr Familien-Empire wohl so ähnlich wie die Königin Victoria«

Unermüdlich reist Käthe Kruse nach England, Schweden, Belgien, Holland und in die Schweiz. Zu Hause überlässt sie die Betreuung ihrer jüngeren Kinder ihrer Tochter Sofie, während sich die ältere Tochter Maria um den Vater kümmert. Käthe Kruse liebt ihre Kinder zwar abgöttisch, ordnet sie aber ihrem Betrieb unter. Ihr jüngster Sohn Max, der später selbst als Kinderbuchautor und Erfinder von »Urmel aus dem Eis« bekannt wird, beschreibt das Kruse-Gefühl folgendermaßen: »Arbeit und Leben waren für sie dasselbe. Auch während sie arbeitete, war sie mit all ihren Gefühlen immer da, immer bei der Familie, bei uns.« Es mag dabei eine Rolle gespielt haben, dass sie ihre Kinder weitgehend alleine erzieht – weil sich ihr Mann mehr und mehr von der Familie entfernt. Ihr Sohn Max schreibt: »Meine Mutter regierte ihr Familien-Empire wohl so ähnlich wie die Königin Victoria.«

Obgleich sie als Unternehmerin sehr erfolgreich ist, spielt sie ihre Rolle als Geschäftsfrau bewusst herunter. »Es liegt in der Natur des weiblichen Betriebs, daß er nie großindustriell werden kann«, heißt es in ihren Memoiren. Dennoch floriert ihr Unternehmen - lebensgroße Babypuppen für den Unterricht in der Säuglingspflege (»Träumerchen«) kommen so gut an, dass sie ihrer Großfamilie inklusive Mann ein großbürgerliches Leben mit Bechsteinflügel, Auto und Segelboot finanzieren kann.

Ihr jüngster Sohn schreibt in seinen Memoiren: »Unermüdlichkeit, eine bis zur Penetranz gesteigerte Akribie, überschäumende Vitalität und Herzlichkeit hatten sie zu dem gemacht, was sie war.« Umso mehr regt es die Unternehmerin auf, als der Spielzeugkonzern Bing ihre in Handarbeit hergestellten Puppen kopiert, als Massenproduktion preiswerter verkauft und als »Imitation der Käthe Kruse Puppen« auf den Markt bringt. Sie verklagt den Konzern durch zwei Instanzen und erhält schließlich 1925 vor dem Leipziger Reichsgericht Recht. Der künstlerische Urheberschutz ist damit erstmals in der Rechtsgeschichte einem Spielzeug zugebilligt worden.

Das Verhältnis zu Max Kruse flaut indessen ab. Der Künstler hatte die Bildhauerei an den Nagel gehängt und streitet mit seiner Frau um Unterhalt, ungeachtet, wie es der Firma geht. Der ehemals Gefeierte führt ein unstetes Leben zwischen Berlin, Italien und Hiddensee. Sein Sohn Max schildert den Vater folgendermaßen: »Er vereinsamte und resignierte zunehmend und wurde Zeuge, wie aus der unbekannten kleinen Schauspielerin mit dem Künstlernamen Hedda Somin, die in ärmlichstem Milieu aufgewachsen war und die er zu seiner Lebensgefährtin gemacht und später geheiratet hatte, eine weltberühmte Frau wurde, während man ihn vergaß.« Käthe Kruse hatte sich getröstet und eine Affäre mit dem Schriftsteller und Feuilletonchef des »Berliner Tageblatt«, Fred Hildenbrandt, angefangen.

Selbstbewusst beschreibt Käthe Kruse ihr Werk als »Revolution des Schaufensters«

Während der Weltwirtschaftskrise nutzt die smarte Käthe Kruse die Gunst der Stunde: Kaufhäuser entwickeln sich zu Luxustempeln, wofür die Puppenmacherin bewegliche Schaufensterpuppen schafft. Der Boom der Schaufensterpuppe kommt mit der Etablierung der Warenhäuser Karstadt, Wertheim, Tietz, die mit ihren Fenstern zum »Schaufenster-Bummel« einladen. Der 1907 gegründete Deutsche Werkbund etabliert die Schaufensterdekoration zu Werbezwecken. Mit dem Aufkommen der Schaufenster(puppe) entsteht ein neuer Beruf: Der Dekorateur.

Auf Bitten des Münchner Kaufhauses Oberpollinger schafft Käthe Kruse zum Muttertag lebendige Kinderfiguren, die wie im Theater inszeniert werden: zum Frühlingsspaziergang, Ausflug mit dem Paddelboot, Spielen im Grünen oder einem Klavierkonzert. Wieder spannt sie für die Produktion der Puppen ihre Familie ein: Michael sorgt für die Beweglichkeit der Puppen, die mit Drahtskelett und Kugelgelenken versehen werden, Sofie modelliert die Köpfe mit Echthaar und Jochen sorgt für die mondäne Erscheinung der Schaufensterpuppen. Selbstbewusst beschreibt Käthe Kruse ihr Werk als »Revolution des Schaufensters«. Im Werbekatalog heißt es: »Käthe-Kruse-Schaufensterfiguren bieten Ihnen unerschöpflichen Abwechslungsreichtum, weil nun wirklich lebendige Gruppenwirkung (sozusagen lebende Bilder) ins Fenster zu stellen sind, in ganz anderem Grade als bisher möglich.«

Es ist eine besondere Ehre für die Puppenmacherin, dass sie 1937 auf der Weltausstellung in Paris im Pavillon des nationalsozialistischen Deutschlands mit ihren Schaufensterpuppen vertreten ist. Dort inszeniert sie das Ideal der deutschen Frau mit blonden Haaren gemeinsam mit ihren drei Kindern. Damit versucht die Unternehmerin ihre Firma durch den Krieg zu retten. In Bad Kösen wird die Werkstatt beflaggt, Käthe Kruse sucht Kontakt zu Gattinnen von Nazigrößen. Die Tochter von Reichsmarschall Hermann Göring erhält zum dritten Geburtstag ein »Schlenkerchen«. In einem Rundfunkbeitrag von 1940 »Die Frau als Kauffrau« versteigt sie sich zu der Aussage: »Eine Frau, die Kaufmann ist, ist ein Unsinn.«

Gleichzeitig fügt der Krieg Käthe Kruse großes Leid zu. »Haben wir unsere Söhne geboren, damit sie getötet werden?«, fragt sie in ihren Memoiren. 1941 stirbt der verbitterte Max Kruse 88-jährig; 1943 ihr Sohn Jochen, ein eleganter Fotograf. Nur ein Jahr später kommt Friedebald bei einem Verkehrsunfall an der Ostfront ums Leben. Käthe Kruse kompensiert diese Verluste, indem sie sich mit ihren neun Enkeln ein Refugium in Bad Kösen schafft. 1945 rücken die Amerikaner, später die Russen in dem Kurort ein. Echthaar und Naturprodukte sind kaum erhältlich, Mitarbeiterinnen nur schwer zu bekommen. Gleichzeitig können sich nur wenige Eltern, Onkel und Tanten Puppen leisten, sondern müssen auf dem Schwarzmarkt sehen, wie

Die berühmte Puppenmacherin mit ihrer Tochter, Enkelin und Urenkel, 1963

sie Eier, Mehl oder Schinken tauschen. In dieser Situation machen die Söhne Michael und Max Zweigwerke in Bad Pyrmont und Donauwörth auf, wohin schließlich die ganze Puppenproduktion verlegt wird.

Käthe Kruse flieht 1954 nach Berlin, nachdem in Bad Kösen der Puppenbetrieb verstaatlicht wurde. Auch aus der Ferne sind die Söhne den ständigen Ermahnungen der Mutter ausgesetzt: »Herzensmaxl und Mausili! Hört mal, ich will Euch nicht wehe tun, aber die Puppen sind wirklich schlecht, die ihr geschickt habt. Um Gottes Willen, das muß jetzt ganz anders werden, ja? Habt Ihr noch keine Beanstandungen bekommen?«, heißt es in einem Brief an die Söhne. Schließlich zieht sich Käthe Kruse aus dem Alltagsgeschäft zurück. Der Betrieb in Donauwörth wird 1958 von ihrer Tochter Hanna übernommen. Sie selbst stirbt 1968 in München. Über ihr Leben resümiert sie: »Ja, ich bin die ›Puppen-Kruse‹. Aber ich habe nichts ›erfunden‹ und ich habe auch keine ›Werkstätte‹ gegründet. Ich habe ganz bestimmt nicht gearbeitet, um Geld zu verdienen, sondern es ist alles ganz einfach gewachsen und hat mich keine sonderliche Anstrengung gekostet.«

Ein angespanntes Verhältnis – Käthe Kruse und ihre Töchter

»Stachlicher Brief von Fifi [Sofie], sie schien ganz verstiegen. Sie tut sehr selbständig. Na, hoffentlich gelingt's ihr mit dem selbständigen Leben«, schreibt Käthe Kruse an ihre älteste Tochter Maria, auch Mimmerle genannt. Zu ihren drei Töchtern Maria, Sofie und Johanna hat Käthe Kruse zeitlebens ein angespanntes, von Konkurrenzdruck bestimmtes Verhältnis. Obgleich sie selbst ihre Großfamilie als Unternehmerin gekonnt durch die Zeitläufte bringt, erwartet sie von ihren Töchtern, dass sie in der Rolle als Ehefrau und Mutter aufgehen, beziehungsweise in untergeordneter Position in das Familienunternehmen einsteigen. Die sanfte Maria darf nicht wie gewünscht Musik studieren, sondern kümmert sich zeitlebens erst um den Vater, dann um die Mutter. Sofie, die die bildhauerische Begabung des Vaters geerbt hat, organisiert statt Studium an der Kunstakademie den Haushalt, lernt als Erste Autofahren und kutschiert die Mutter quer durch Europa. Die in ihrer Familie als kapriziös geltende Hanna besucht kurz die Odenwaldschule, lernt anschließend Hauswirtschaft, um sich adäquat zu verheiraten. In der Tat erreichen die beiden jüngeren Schwestern durch Heirat und eigene Familie eine gewisse Unabhängigkeit. Dennoch gestaltet Fifi die Köpfe für die Schaufensterpuppen ihrer Mutter – bis es 1939 zum Eklat kommt, als Sofie als designierte Nachfolgerin ihrer Mutter am Gewinn der Werkstätten beteiligt werden will. Sofie kündigt und entwickelt im selben Jahr die Modelliermasse »FIMO«, die zunächst für die Produktion von Puppenköpfen dienen sollte, später als Modelliermasse unter dem Namen »FIMOIK« auf den Markt kommt. Dafür steigt Hanna Adler-Kruse gemeinsam mit ihrem Mann in das Unternehmen ein und übernimmt die Werkstätten in Bad Kösen, deren künstlerische Leiterin sie wird. Sie führt das Unternehmen sehr erfolgreich, auch indem sie eigene Puppen wie das »Däumlinchen« erfindet.

»Im Ganzen war das Leben wunder-wunderschön«

KÄTHE KRUSE
Puppenmacherin

*1986

Julia Maria Pasch
Geigenbaumeisterin

Auf Stradivaris Spuren
Die Geigenbauerin Julia Maria Pasch will den Altmeister nicht kopieren

Der Ort besitzt eine besondere Aura, die im Treppenhaus mit der Patina vergangener Zeiten beginnt: Wo heute Julia Maria Pasch Geigen baut, wohnte einst Richard Wagner. Im Intellektuellenbezirk Hietzing hatte der Opernkomponist 1863 die Mitte des Jahrhunderts gebaute Landhausvilla nahe Schloss Schönbrunn gemietet, um sich der Komposition seiner »Meistersinger von Nürnberg« zu widmen. Rasch wird die Villa zum Treffpunkt von Wagners Bewunderern. Regelmäßig verabreden sich hier Musiker wie der polnische Pianist Carl Tausig und der deutsche Komponist Peter Cornelius zum gemeinsamen Spielen. Am Abend des 7. Februar 1864 bereichert der junge Johannes Brahms die illustre Runde. Der in Wien frenetisch Gefeierte setzt sich ans Piano und spielt seine Händel-Variationen sowie Toccata und Fuge von Johann Sebastian Bach, die seinem Antipoden Wagner imponieren. Dieser durchlebt in Wien eine schwierige Zeit, seine Oper »Tristan und Isolde« kommt 1863 nach 77 Proben nicht zur Uraufführung. Nur einen Monat nach dem Treffen mit Brahms verlässt Wagner die Donaumetropole, da er seine Schulden von 120.000 Gulden nicht bezahlen kann. »Ich bin anders organisiert, habe reizbare Nerven; Schönheit, Glanz und Licht muss ich haben...«, vermerkt er in seinem Tagebuch. »Wagner hat sich bei dem Einrichten der Wohnung finanziell übernommen«, erzählt die Geigenbauerin, die sich intensiv mit ihrem Vormieter beschäftigt hat. An die Wohnung in der Richard-Wagner-Villa sei sie zufällig gekommen. »Ich fand Wien zunächst sehr grau«, erinnert sich die Aachenerin, die der Liebe wegen 2013 nach Wien zieht und eine eigene Werkstatt eröffnet. »Da brauchte ich eine Wohnung im Grünen«, so wie einst Richard Wagner. Heute spielt sich im Atelier, im hinteren Teil der Wohnung, ein Hauptteil des Familienlebens ab, bis das ehemalige Kutschenhaus als neues Atelier fertig ausgebaut ist. Der dreijährige Sohn Koloman kreist mit Autos um aufgeschichtete Holzteile mit aufgezeichnetem Geigencorpus. Ihr Mann, der Geigenhändler Lüder Machold, telefoniert mit Kunden aus aller Welt, die auf der Suche nach einer Stradivari sind. Währenddessen lässt die junge Mutter in Arbeitsschürze an der Werkbank Ahornspäne fliegen oder leimt eine Geige. Im Glasschrank bewahrt Julia Maria Pasch Gipsabdrücke von historischen Geigenschnecken auf, die so aussehen, als dienten sie nur zur Dekoration. Über der Werkbank hängen Geigen. Werkzeuge wie Schnitzer, Messinghobel und Lackpinsel liegen herum.

Während der Corona-Pandemie 2020 hat Julia Maria Pasch vor dem weiß-blauen Kachelofen ihren zweiten Sohn Ottokar in einer Hausgeburt entbunden, damit der Vater dabei sein kann und ihr niemand aus Angst vor Infektion das Kind wegnimmt. »Es wusste zu Beginn ja keiner, wie sich das Infektionsgeschehen entwickeln würde«, erinnert sie sich an die besondere Zeit des Stillstands, die die Familie fast als Geschenk erlebt. Und da die Geigenbauerin zusätzlich eine Assistentin eingestellt hat, die beschäftigt werden will, sitzt sie bereits eine Woche nach der Geburt wieder an der Werkbank. Sie hat das Glück, dass bislang keine Aufträge storniert wurden. Nur die Klangeinstellung ihrer auf internationalen Bühnen gespielten Geigen liegt derzeit weitgehend auf Eis. »In Amerika ist der Geigenmarkt wie auch die gesamte Kulturszene zwischenzeitlich zum Erliegen gekommen. Ich erwarte, dass sich künftig auch in Europa die Geigenbaubranche etwas ausdünnen wird und vor allem die gute Qualität erhalten bleibt«, spekuliert sie. »Mit Wagner verbindet mich die Kunst, etwas zu schaffen«, meint Pasch im Erker ihres Ateliers sitzend, über ihr Kupferstiche von Schubert und Wagner. Dabei könne man das Bauen von Geigen weder mit dem Komponieren noch mit dem Musizieren so direkt vergleichen: »Ich bin keine Interpretin von Musik, sondern schneidere Musikern ihr Instrument so auf den Leib, dass sie Musik interpretieren können und das Instrument sie dabei in höchstem Maße unterstützt«, fasst sie ihre Arbeit zusammen. Seit ihrem 19. Lebensjahr baut sie Geigen und verfolgt seit Beginn der Selbstständigkeit ihren eigenen Weg. »Ich frage

Pro Jahr baut Julia Maria Pasch sechs neue Geigen

mich jeden Tag, wie hätte Antonio Stradivari seine Arbeit weiter verbessert? Wo wären seine Entwicklungen hingegangen, wenn er 100/200 Jahre länger, gar im Hier und Jetzt, gearbeitet hätte, da ja sein spätes Werk klanglich am ausgefeiltesten ist?« und ergänzt, dass sie im Streben nach einem neuen Klangverständnis das Rad gar nicht neu erfinden müsse. »Ich kann sowohl von den Irrungen wie auch von den großen Sprüngen der klassischen Meister etwas lernen, um dann vielleicht einen Schritt weitergehen zu können. Oder um es mit dem alten Gleichnis, das auch Isaac Newton bemühte, zu sagen: ›Wir sind Zwerge, auf den Schultern von Riesen stehend‹«, beschreibt sie ihre Vision, dem Schaffen der alten Meister etwas hinzuzufügen.

Damit beschreitet Julia Maria Pasch in der traditionellen Handwerkskunst neue Wege. Denn über Jahrhunderte gelten Saiteninstrumente aus den Werksstätten norditalienischer Geigenbauer wie Antonio Stradivari, Andrea und Nicola Amati, Gasparo da Salò oder Guarneri del Gesù als Inbegriff vollendeter Klangkörper, die Maßstäbe setzen. Das Wissen und die Technik über die Zusammensetzung des Lackes oder den Bau der Schnecke vererben sich von Vätern an ihre Söhne, von Onkel an ihre Neffen. Seit dem 17. Jahrhundert hat sich in der Kunst des Geigenbaus wenig verändert, weder am Zuschnitt der rund siebzig Geigenteile, noch an der Konsistenz des Lacks. Die Guarneri del Gesù avanciert zum Kultobjekt, der Geigenvirtuose Niccolò Paganini entlockt ihr fast magische Klänge.

Bis Ende des 20. Jahrhunderts erwartet das Klassikpublikum gespannt, auf welcher klassischen Geige der Violinist spielt, was den Markt für Geigen in den vergangenen Jahren zum international florierenden Millionengeschäft machte. »Bis vor zwanzig Jahren hieß es, Stradivari wäre unerreichbar. Dies hat den Geigenbau ziemlich ausgebremst«, meint Julia Maria Pasch, die den Stil aus der späten Schaffensphase Stradivaris bewundert, den italienischen Großmeister aber keinesfalls kopieren will. »Es geht doch um eine zeitgemäße Weiterentwicklung beim Bau von Violinen, der nur im Zusammenspiel von Musikern, dem Instrument und mir gelingen kann«, erzählt sie.

Eine gewisse Affinität für Holz und Kunst scheint gegeben

Bis sie zu dieser inneren wie musikalischen Freiheit gelangt, für Musiker das perfekte Instrument zu bauen, statt klassische Geigen zu reparieren, braucht es Zeit. Und das Wissen, dass es anders geht. Schon im Grundschulalter fasziniert Julia Maria Pasch das Streichinstrument. Eine Freundin spielt Violine und ihr gelingt es, ihre Eltern zu überzeugen, dass sie Geige spielen lernen darf. Im Kreis ihrer vier Geschwister gewinnt sie damit die Möglichkeit, sich zurückzuziehen. Später wird ihr klar, dass die Begeisterung für das Instrument selbst und seine Beschaffenheit größer war als das Spiel auf ihm, weshalb sie mit sechzehn Jahren ein Praktikum bei einem Aachener Geigenbauer macht. Dieser eröffnet ihr eine neue Welt - ihre Welt. Ihre Eltern, zwei Ärzte, überzeugen sie, das Abitur zu machen. Erfüllung findet sie im Geigenbaugeschäft, in dem sie oft »den Laden schmeißt«. Gerne kokettiert Julia Maria Pasch damit, aus einer »musikfernen« Familie zu stammen, in der aber Kunst und Handwerk umso stärker vertreten sind: Die Mutter machte vor dem Medizinstudium eine Schreinerlehre, der Bruder ist bildender Künstler und der Großvater war Bildhauer. Eine gewisse Affinität für Holz und Kunst scheint gegeben.

Wer in Deutschland im Geigenbau erfolgreich sein will, für den führt kein Weg an der seit über 150 Jahren bestehenden, renommierten Mittenwalder Musikinstrumentenbauschule vorbei. Julia Maria Pasch besteht die Aufnahmeprüfung. Als eine von zwölf »Geigenbauanwärtern« taucht sie für drei Jahre ein in die traditionelle Welt von Mittenwald, wo es in der ursprünglich gotischen Kirche St. Peter und Paul Kirchenbänke mit Namen gibt und Trachtenverein und Gebirgsschützen Feste feiern. »Bisweilen fand ich die Atmosphäre fast surreal«, erzählt die Rheinländerin und berichtet von der streng geführten Geigenbauschule mit festem Stundenplan und Fächern von der Restauration bis zur Akustik, vom Instrumentalunterricht bis zur Physik. Hier lernt sie, eine wenige Millimeter dicke Geigendecke mit den F-Löchern aus einem Stück zu schnitzen oder mit Stemmeisen und Hobel die Wölbung zu formen. Dazu gehört Präzision, handwerkliches Geschick wie Fingerspitzengefühl, da ein halber Millimeter den Klang der Geige verändern kann.

»Meine Vision vom tiefgehenden Klangverständnis in Verbindung mit dem Bau des Instruments erfüllte sich in der Ausbildung nicht«

»In Mittenwald dreht sich alles um die Geige«, erinnert sich die Jungunternehmerin, die während ihres Studiums namhafte Geigenbauer in Europa besucht und von deren Wissen profitiert. Seitdem Matthias Klotz, nach Gesellenjahren in Padua, im 17. Jahrhundert das Handwerk des Geigenbaus in Mittenwald etablierte, läuft der Handel mit und der Bau von Geigen in dem bayerischen Städtchen prächtig. »An diesem historischen Ort habe ich mich zwar als Teil einer alten Geigenbaukultur gefühlt«, meint Julia Maria Pasch. »Doch meine Vision vom tiefgehenden Klangverständnis in Verbindung mit dem Bau des Instruments erfüllte sich in der Ausbildung nicht.«

Den Geheimnissen der Klangeinrichtung kommt sie während ihrer Gesellinnenzeit bei dem Bonner Geigenbaumeister Stefan-Peter Greiner auf die Spur, der sie anstiftet, unkonventionell zu denken und ihrer musikalischen Intuition zu trauen. Denn Stefan-Peter Greiner baut - nach altem Vorbild - moderne Geigen, statt alte zu restaurieren oder zu vermieten. Hierfür untersuchte er mit dem Physiker Heinrich Dünnwald anhand technischer Methoden - wie zum Beispiel der Fourier-Analyse - akustisch über tausend Geigen. »In der Werkstatt von Peter habe ich keine bremsenden Normen erlebt, sondern einen Pionier, der sich den Neubau von Geigen auf die Fahnen geschrieben hatte«, erzählt die Meisterschülerin fasziniert. Sie lernt, die ungeahnten Möglichkeiten des Geigenbaus zu schätzen, beschäftigt sich mit Chemie, Physik, Akustik, Lacken und beginnt, sich eine große Bibliothek meist alter Bildbände zuzulegen. »Heute kann man im Internet fast jede existierende Geige zu einem gewissen Grad studieren«, sagt sie.

In der Bonner Werkstatt geben sich nicht nur interessante Musiker wie der Geiger Christian Tetzlaff die Klinke in die Hand, auch Geigenhändler und Mäzene kommen. Unter anderem Julia Maria Paschs späterer Mann, Lüder Machold, der aus einer berühmten Geigenhändlerdynastie stammt und in Bonn lernen will, wie man eine Geige baut. Allerdings vertreibt der Weinconnaisseur seit 2007 lieber Weine als Violinen, um sich von den Machenschaften seines Vaters Dietmar Machold abzusetzen, in dessen Unternehmen er aufwuchs. Dieser gehörte zu den wenigen Geigenhändlern, die den Markt weltweit dominieren. Für Veruntreuung und Insolvenzbetrug wandert er 2011 für vier Jahre ins Gefängnis. Die Welt des Geigenhandels steht Kopf. Der Skandal ist perfekt.

»Seinen Vater in Haft zu erleben, prägt für das Leben«, sagt Pasch. Zunächst habe ihr Mann an »Sippenhaft« geglaubt. Doch Anrufe von Interessenten, sein Wissen über den Sammlungsverbleib wertvoller Altgeigen gepaart mit seinem Gedächtnis, sich jedes Charakteristikum einer einmal gesehenen Geige zu merken, überzeugten den einzigen Sohn Macholds, die Familientradition fortzusetzen. An oberster Stelle stehen für Lüder Machold moralische Ansprüche und Diskretion - wie seine Website zeigt, die nur aus Adresse, E-Mail und Telefonnummer besteht. Für Julia Maria Pasch ist der weltoffene Lüder Machold mit seinen exzellenten Umgangsformen ein besonderes Glück, wie sie mit ihrer bodenständigen Handwerkskunst für ihn. Wann immer er eine klanglich interessante Stradivari zur Begutachtung hat, bekommt sie diese, um sich und ihre Instrumente daran zu messen. Sie wiederum optimiert die Stradivari dann klanglich für ihn. »Ohne Lüder würde ich nicht so selbstbewusst meinen eigenen Weg gehen«, sagt sie und erzählt, dass sie ihren Mann bei Reisen zum Nachjustieren ihrer Geigen als Babysitter einsetze. In Wien gelten beide als ungewöhnliches Paar, weil sie der Gegensätzlichkeit von Altgeigenhändler und Geigenbauerin mit Souveränität begegnen. »Sie schaffen die perfekte Symbiose, die Kombination aus Handwerk und Glamour, Werkstatt und Laufsteg«, berichtet die Süddeutsche Zeitung in einem Artikel mit dem Titel »Erste Geige«.

Wie bei den Salzburger Festspielen 2017. In der berühmten, auf klassische Moderne spezialisierten Galerie Rudolf Budja - nahe des Festspielhauses - baut Julia Maria Pasch, dort als »Violinmaker in residence« eingeladen, in nur sechs Wochen und dreihundert Arbeitsstunden ihre Festspielgeige. Täglich strömt ein wohlsituiertes Publikum herein. Die Geigendecke stammt aus dem über 500 Jahre alten Fichtenholz vom Dachstuhl der Münchner Frauenkirche. Während Julia Maria Pasch fokussiert an ihrer Festspielgeige schnitzt und hobelt, begeistern sich weltberühmte Musiker für ihre zwei exklusiv ausgestellten Geigen. Fünf Minuten vor der Versteigerung ist die Geige fertig, der Lack noch nicht durchgetrocknet, da steht das Anspiel vor einem erlesenen Publikum an. Für dieses Event hat Lüder Machold einen besonders raren Wein aufgetan, einen Château Mouton Rothschild von 1981 in der 5-Liter-Flasche, das Etikett gestaltet mit Geigenmotiven des weltberühmten Künstlers Arman. Wenig später bietet ein unbekannter Mäzen am Telefon für die Violine 48.000 Euro. Er hat das Instrument an dem Abend nicht gehört, ist aber begeistert von der Idee, die Geige einmal hochtalentierten Violinistenhänden zur Verfügung stellen zu können.

Dieses Gefühl für Feinheiten, gepaart mit handwerklicher Präzision und Klangempfinden

Julia Maria Pasch wurde bei dem Salzburger Experiment zu der Überlegung inspiriert, zu welchem Klang sehr altes Holz führen kann. Die Festspielgeige hatte einen für ihre Instrumente fast ungewöhnlich hellen, klaren Ton, was die Geigenbauerin zu dem Gedankenspiel animiert, ob das historische Holz grundsätzlich die klaren Frequenzspektren verstärke. Ansonsten verwendet Pasch für ihre Instrumente zwischen fünf und hundert Jahre altes Ahorn- oder Fichtenholz, das sie von Händlern aus Bosnien, den Dolomiten und den Alpen erwirbt und erst kauft, wenn die Berührung mit den Fingern die richtige Feinnervigkeit erspüren lässt. Das Holz muss regelmäßig und nicht verdreht gewachsen sein, um als Tonholz infrage zu kommen.

Dieses Gefühl für Feinheiten, gepaart mit handwerklicher Präzision und Klangempfinden zeichnet die Arbeit von Julia Maria Pasch aus, die nach Jahren der Selbstständigkeit als »Meisterin ihres Faches« gilt. Inzwischen besteht für eine der sechs im Jahr gebauten Pasch-Geigen drei Jahre Wartezeit. Der Preis hat sich in fünf Jahren auf 28.000 Euro verdoppelt. Pasch führt den derzeitigen Boom des Handwerks auf die horrenden Preise für Altgeigen und auf die postindustrielle Wertschätzung hochwertiger Handarbeit zurück. Sie spricht gar vom Heraufziehen eines neuen goldenen Zeitalters im Geigenbau – diesmal unter paritätischer Mitgestaltung von Frauen wie Männern, zumindest in ihrer Generation.

Was auf die Fertigstellung ihrer Geigen folgt, nennt Julia Maria Pasch die »unsichtbare Arbeit«, das Nachjustieren »ihrer« Geigen in den ersten zwei Jahren, wofür sie nach Berlin, Paris und London reist, oder die Violinisten kommen zu ihr nach Wien. »Ich sitze nicht alleine in meiner Werkstatt, sondern befinde mich mit den Musikern in ständiger Kommunikation auf der Suche nach dem individuellen perfekten Klang«, erzählt Julia Maria Pasch, die es liebt, ihre Geigen spielen zu hören und zu beobachten, wie sie sich in den Händen ihrer Musikerinnen und Musiker nahezu in eigenständige Persönlichkeiten verwandeln. »Neulich ging ein Musiker mit seiner für ihn gebauten Geige von hier fort und sagte: ›Ich bin der glücklichste Mann der Welt‹ – was gibt es Schöneres?«

Von Cremona nach Mittenwald

Geigen können wie Diven sein. Damit die »Königin der Streichinstrumente« den perfekten Klang entfalten kann, kommt es auf die Verarbeitung, Bau, Lack und die richtigen Hölzer an. Im 16. und 17. Jahrhundert entwickelt sich das norditalienische Cremona mit den Dynastien der Amatis, Guaneris und Stradivaris zu einem Zentrum des Geigenbaus. Der besondere Klang der Geigen des italienischen Instrumentenbauers Antonio Stradivari schafft einen jahrhundertelangen Mythos: Noch heute werden seine Geigen für viele Millionen Euro gehandelt. Im späten 17. und frühen 18. Jahrhundert etabliert sich das deutsche Mittenwald als Zentrum des Geigenbaus. Matthias Klotz (1653-1743) lernt in Padua den Geigenbau und kehrt später nach Mittenwald zurück. Seine Söhne und die Familien Jais, Baader, Hornsteiner und Neuner führen das ausgefallene Handwerk weiter fort. Denn in der Gegend um Mittenwald wachsen nicht nur auf nährstoffarmen Böden Fichten, deren langfaseriges und gleichmäßiges Holz sich für den Geigenbau eignet, das Städtchen liegt außerdem an der transalpinen Handelsroute, sodass sich auch Ahornholz leicht beschaffen lässt. Der bayerische König Maximilian II. gründete 1858 die Mittenwalder Geigenbauschule. Über die 350 Jahre alte Tradition informiert das Geigenbaumuseum in Mittenwald.

»Mit Wagner verbindet mich die Kunst, etwas zu schaffen«

JULIA MARIA PASCH
Geigenbaumeisterin

*1961

Tamara Comolli *Schmuckdesignerin*

Die unstillbare Sehnsucht nach dem Meer
Die Faszination für Edelsteine führt Tamara Comolli zum internationalen Unternehmen

Das Armband fließt geschmeidig durch die Hand, während die Topas-Edelsteine in ihren unterschiedlichen Blautönen an die Unendlichkeit des weiten Himmels erinnern. Die Art, in der Tamara Comolli unaufgeregt ihre neue Kollektion präsentiert, macht deutlich, wie sehr hier Schmuck und Person untrennbar miteinander verbunden sind. So gewinnt man den Eindruck, als könne die Schmuckdesignerin nur authentisch, das heißt sich selbst treu sein, was ihren Erfolg erklären mag.

»Schmuck braucht Ideen und Visionen«

Die Faszination für Edelsteine begleitet sie seit ihrer Jugend. »Mein erstes Armband habe ich mit 17 Jahren aus glitzernden Halbedelsteinen entworfen, die die Farben von Strand und Meer widerspiegeln.« So hatte ihr ein Freund ein Lederarmband geschenkt und vermittelt, dass ihr Schmuck in der elterlichen Boutique ausgestellt wird. Ihr Vater hält die Leidenschaft der Tochter für Fantasiegebilde, den Schmuck für »unnötigen Tingelkram« und will, dass sie zunächst eine ordentliche Ausbildung macht. »Ich wollte Medizin studieren, bin aber bei Wirtschaftswissenschaften gelandet.« Nach dem Studium in München arbeitet sie vier Jahre lang als Unternehmensberaterin für die WestLB in Düsseldorf, bis sich mit 29 Jahren der Ruf, ihrem Herzenswunsch zu folgen, nicht länger überhören lässt: Sie kündigt und macht sich als Schmuckdesignerin selbstständig. »Ich wollte schon immer hochwertigen Schmuck entspannt machen, Schmuck, den eine Frau jeden Tag und zu jeder Gelegenheit tragen kann«, sagt Tamara Comolli und fügt hinzu: »Konventioneller Schmuck interessiert mich nicht.« Den hatte sie in Jugendjahren genug gesehen. Ihr Vater leitet Casinos in Frankreich, Spanien und Gibraltar, wo sich die Mutter allabendlich elegant gekleidet mit klassischen glamourösen Colliers präsentiert. Sie lässt ihre Töchter mit Schmuck spielen und diesen später bei Goldschmieden umarbeiten, der Vater besorgt auf seinen Reisen Schmucksouvenirs, ihre Affinität zu Ringen und Halsketten wächst. »Mir ging es nicht darum, Statussymbole zu kreieren, sondern Stücke, die meine Handschrift tragen. Denn Schmuck braucht Ideen und Visionen.«

Tamara Comolli liebt die Welt der Edelsteine

Die besitzt sie genug, verbunden mit einer unstillbaren Sehnsucht nach Wasser, dem Meer, ein Verlangen, das sich aus ihrer Jugend in einem Strandhaus bei Gibraltar speist. Sie wählt deshalb einen blauen Wassertropfen als Logo für ihr durchkonzipiertes Branding, entwirft Schmuck in Tropfen-, Wellen-, Kegel- und Blattform und gründet Boutiquen in ihren geliebten Spirit Locations, die wie in Sylt oder Marbella am Wasser liegen und so ihre einzigartige Markenidentität verkörpern. »Bis zum Durchbruch war es ein holpriger Weg«, beschreibt Tamara Comolli ihre Designerkarriere, die 1992 beginnt. Mit ihrem ersten Mann, einem amerikanischen Ingenieur, verbringt sie viel Zeit in den USA, wo ihr Aufstieg beginnt. »Auf der ersten Messe in New York habe ich nur 29 hochwertige Schmuckprodukte präsentieren können, die mir ein Goldschmied nach meinen Entwürfen teilweise ohne Vorauszahlung hergestellt hat«, erinnert sich Tamara Comolli. Vor allem die »Curriculum-Vitae-Kollektion« mit ihren beweglichen Edelsteinen verhilft ihr zu ersten Erfolgen. Der Ring dieser Kollektion bleibt fester Bestandteil ihres Programms. Sobald ein Stück bei einem Juwelier verkauft wird, lässt sie zwei neue herstellen. Und als sie genügend Ringe, Armbänder und Ketten für eine repräsentative Kollektion besitzt, erfüllt sie sich einen weiteren Traum und eröffnet in Southampton auf Long Island einen Store, wo Kunden »entstresst«, ohne Kaufzwang, mit »happy holiday feeling«, Schmuckstücke entdecken können. Ungeschminkt, teils sogar barfuß strömt das Publikum in den Laden und begeistert sich für die Kollektion. Und das, obgleich die USA von der Lehmann-Brothers-Krise geschüttelt wurden. »Ich habe in der Krise stets die Chance gesehen«, erzählt Tamara Comolli.

»Mein Schmuck sollte immer schon zeitlos sein, als wäre er schon immer da gewesen. ... Meine Kundinnen sollen sich in ihn verlieben«

So hatte sie nach der Trennung von ihrem Mann einen Teil ihres Unternehmens in ihre ehemalige Heimat, Rottach-Egern am Tegernsee verlagert, wo ihre Mutter wohnt. »Ich habe den Markt in Europa von den USA aus aufgerollt.« Sukzessive baut Tamara Comolli ihre Marke aus. Filigran, fast wie eine Seidenstickerei, kommt der exotische Anhänger aus der »INDIA«-Kollektion daher; bunt strahlen die Edelsteine in Kegelform der »MIKADO«-Kollektion, schlicht gefasst in goldenen Armbändern, wie Knospen wirken die »BOUTON«-Ringe, die in in blau, türkis und grün aufeinander gesteckt das Flair der Karibik in sich tragen. Mit ihrem wachsenden Erfolg eröffnet sie acht Boutiquen an Ferienorten, zu denen sie einen persönlichen Bezug hat. »Mein Schmuck sollte immer schon zeitlos sein, als wäre er schon immer da gewesen«, meint sie. »Meine Kundinnen sollen sich in ihn verlieben, sich durch ihre Lieblingsfarbkombinationen und Layering Looks auf natürliche Weise ausdrücken können und zum Sammeln animiert werden.« Sie entwickelt deshalb Bewährtes behutsam weiter. So seien die jüngst entwickelten Ohrringe, die sie zu der bestehenden Kollektion kreierte, »ein toller Erfolg«. Großen Wert legt sie darauf, dass ihr Schmuck ebenso zu Kaschmirpullover und Jeans wie zu einem Etuikleid getragen werden könne. Die Schmuckdesignerin verliert sich nicht in der Schönheit, sondern setzt darauf, die Welt ein Stück besser zu machen. So legt sie Wert darauf, dass sich ihre 70 Mitarbeiterinnen und Mitarbeiter wohlfühlen und eingebunden sind. Von der Skizze bis zum fertigen Schmuck arbeiten die Designerin, Goldschmiede und Edelsteinexperten eng zusammen.

Die Suche nach dem passenden Edelstein führt sie um die ganze Welt, beseelt von dem Wunsch, das ultimative Stück zu finden vom grauen Mondstein, dem Amethysten, bis hin zum pinken Turmalin, blauen Topas und Diamanten. »Jeder Edelstein ist einzigartig und ein wahres Wunder der Natur«, findet Tamara Comolli und erzählt von ihren exotischen Reisen in die Welt der Edelsteine, die sie zu Händlern in die Hinterhöfe nach Bangkok, zu Edelsteinschleifern nach Indien und Sri Lanka führen. »Am Anfang haben mich Edelsteinhändler geprüft, ob ich als Frau ein Auge für die wahre Qualität der Steine habe und sie unterscheiden kann«, meint Comolli und fügt hinzu: »Zum Glück habe ich den Test bestanden und mir treue Lieferanten aufgebaut«. Ihre Kollektion ist von einer Explosion von Farben geprägt, die sich in verschiedenen Variationen, ihren Color Stories, zusammensetzen. »Jede Frau kann bei mir ihre ureigenen Farben finden,

Strahlend schön und bunt verspielt

die zu ihrem Typ, ihrer Haut- und Haarfarbe passen.« Die Wahl passiere häufig ganz instinktiv.

Irgendwann jedoch beginnt sie sich mehr nach dem Heim- und Ankommen als nach dem Wegfahren zu sehnen. Was an ihrem Lebensgefährten und dem gemeinsamen Sohn Tim liegt. »Wahrscheinlich verwöhne ich ihn doch zu sehr«, gesteht sie und berichtet, dass ihr Sohn ihre Begeisterung für Edelsteine teilt, das Geschäft aber nicht übernehmen wolle. Inzwischen wohnt sie mit ihren Männern am Tegernsee und genießt dort die Ruhe. »Außerdem kann ich mich beim Tauchen tiefenentspannen, dort hört mein Kopfkino auf«, erzählt sie: »Tauchen ist der schönste Sport der Welt.« Ihre Leidenschaft bleibt indessen nicht ungetrübt, mit dreißig Jahren wäre sie fast bei einer Tauchexpedition auf den Malediven ertrunken, als sie in ein altes Schiffswrack tauchte. In letzter Minute rettete sie ein erfahrener Taucher. Seitdem ist der Umgang mit der eigenen Endlichkeit ein Thema. »Man ist endlich«, sagt sie nachdenklich und möchte ihre Visionen und den Spirit der Marke weitergeben. 2018 hat sie sich deshalb mit der auf Luxusmarken spezialisierten NAGA Group als strategischem Investor zusammengetan, um auf Wachstumskurs zu gehen und die Marke weltweit zu positionieren – vor allem auch im asiatischen Raum. Bislang hat Comolli in ihrer zupackenden Art vieles selbst übernommen – bis hin zum Modeln für ihre Produkte. Künftig will sie sich auf die strategische Weiterentwicklung der Marke und der Kollektionen fokussieren. Und für das Alter verfolgt sie einen großen Traum: ein Haus am Meer und Strandspaziergänge mit ihren Hunden.

Tamara Comollis Kollektion

1992 gründet die Schmuckdesignerin ihre eigene Marke TAMARA COMOLLI Fine Jewelry in den USA und eröffnet wenig später ihre erste, hell gestaltete Boutique in den Hamptons, nachdem sie mit der »Curriculum-Vitae-Kollektion« den Durchbruch geschafft hat. Je erfolgreicher sie mit ihrer Philosophie des »Barefoot Luxury« wird, einem entspannt-luxuriösen Stil, desto mehr Boutiquen eröffnet sie: von Rottach-Egern bis Kampen auf Sylt, von München bis Palm Beach, von Marbella bis Southampton zur Partner-Boutique im prestigeträchtigen Vila Vita Parc Resort & Spa in Portugal. Heute werden ihre berühmten kegelförmigen Edelsteinanhänger, Armbänder, Ringe und seit kurzem auch Ohrringe in weiteren, über 100 Juweliergeschäften weltweit verkauft. Der Jahresumsatz liegt bei rund 20 Millionen Euro. Mit 70 Mitarbeiterinnen und Mitarbeitern gehört TAMARA COMOLLI zu den führenden deutschen Schmuckmarken im Luxussegment. Seit 2018 kooperiert sie mit der auf Lifestyle- und Luxusprodukte spezialisierten NAGA Group.

»Jeder Edelstein ist einzigartig und ein wahres Wunder der Natur«

TAMARA COMOLLI

Schmuckdesignerin

Fiona Bennett *Hutmacherin*

*1966

Die Welt als Wille und Vorstellung
Fiona Bennett erschafft Hüte, Interior und Kunstobjekte

Sie fallen schon im Schaufenster auf: die breitkrempigen Hüte mit grünen, blauen, lila, roten und gelben Streifen. »Diese Strohhüte halten ein ganzes Leben lang«, erzählt die Berliner Hutmacherin Fiona Bennett. Das passende Stroh habe sie in Ghana gefunden, wo es eine lange Tradition der Korbflechterei gebe. Inzwischen werden ihre Hüte dort in einem Dorf angefertigt und 100 bis 150 Stück im Jahr in ihrem Laden in der Potsdamer Straße verkauft. Auf die Korbflechter sei sie durch einen Zufall gekommen, inzwischen ernährten die Hüte ganze Familien. »Ich versuche deshalb dauerhaft mit den Bewohnern zusammenzuarbeiten«, sagt die Unternehmerin, die sich ihrer sozialen Verantwortung bewusst ist.

Wer Fiona Bennett von der Fülle ihrer unterschiedlichen Projekte erzählen hört, merkt bald, dass ein Teil ihres Erfolgs auf dem Loslassen und Geschehenlassen beruht sowie darauf, Chancen beherzt zu ergreifen. Wie etwa bei dem Auftrag, Toilettenräume im Berliner Varieté Wintergarten neu zu gestalten. Das Theater liegt schräg gegenüber des Bennettschen Geschäfts in der stark befahrenen Potsdamer Straße. Der Direktor lud sie und ihren Freund Hans-Joachim Böhme, einen Ausstellungsgestalter, zum Essen ein und fragte, ob das außergewöhnliche Paar nicht die Gestaltung der 270 qm großen Waschräume im Untergeschoss übernehmen wolle. »Wir haben über drei Jahre mit rund fünfzehn Manufakturen zusammengearbeitet und alles entworfen. Von dem großräumigen Puderraum in Beige hin zu den Mosaiken in konzentrischen Kreisen im Eingangsbereich«, so Fiona Bennett. Ziel ist es, dass die Zuschauer auch in den Waschräumen mit seinen schillernden Glaskugeln in der Welt der Magie, der Träumerei und der Zauberei bleiben. Sinnbildlich hierfür stehen die hohen Spiegel im Vorraum der Damentoilette, die das Gesicht der davorsitzenden Dame scheinbar beschwingt in Federn hüllen. »Inzwischen nutzt der Wintergarten die aufwendig inszenierten Toilettenräume auch für Ausstellungen«, so Fiona Bennett, die gleich von einem neuen Projekt erzählt. »Eine gute Freundin von mir hat in den Wirtschaftsräumen ihres Schlosses das Gesundheitszentrum ›Sein‹ gegründet, für das ich als Kreativdirektorin die puristisch-erdige Innenausstattung entwickelt habe, um für Yoga, Pilates und Massagen Experimentierräume zu eröffnen.«

Sich selbst beschreibt sie als einen Menschen, der wie eine Künstlerin kreativ und aus der Fülle heraus arbeitet und denkt, indem Bilder im Kopf entstehen. »Mein Lebensmotto ist es, elastisch zu bleiben«, erklärt Fiona Bennett, die noch ein weiteres Projekt erwähnt, das auf einer traumatischen Erfahrung beruht. Nachdem sie beim Überqueren der Potsdamer Straße von einem Auto schwer verletzt wird, schafft sie auf Basis dieses Erlebnisses für eine Gruppenausstellung im Berliner Kornspeicher einen dynamischen, goldfarbenen, mit 2.000 Federn besetzten Vogelkörper mit 170 Meter großen Schwingen, der in einem großen runden Spiegel zerbirst.

»Ich wusste eben früh, was ich wollte, und das zu einer Zeit, als einen Hut zu tragen vollkommen out war«

Gleichzeitig Hüte, Toiletten- und Schlossräume wie Kunstobjekte zu schaffen, stellt für Fiona Bennett keinen Widerspruch dar. Im Gegenteil. Seit ihrer Lehre in einem verstaubten und in die Jahre gekommenen Hutsalon inszeniert sie Mode-Performances. Diese nächtlichen Veranstaltungen mit ihren Künstlerfreunden sind nicht im Sinne der Geschäftsinhaberin des Hutsalons, die von ihr verlangt, uniforme Hüte für Beerdigungen zu kreieren und Filz zu dämpfen. »Oft wurden die Hüte gar nicht in dem vollgestopften, muffigen Laden abgeholt, da der Besteller inzwischen verstorben war«, erinnert sich die Deutsch-Britin und schildert, welche Atmosphäre in dem Geschäft mit seiner braunen Auslegeware, vergilbten Autogrammkarten und Tapeten herrschte. Zum Lichtblick wird eine 85-jährige Hutmacherin, die sie in die Geheimnisse des Hutmachens einweiht und ihr den ersten hölzernen Arbeitskopf schenkt, der zum Talisman wird.

Schließlich kommt es zum Eklat. Die Meisterin zeigt ihren Lehrling bei der Handwerkskammer an, weil er ohne Meisterprüfung Hüte anfertige. »Für mich war der Hut weniger ein modisches Accessoire als ein starkes Kunstobjekt. Er brauchte meiner Meinung nach einen wirklich großen Auftritt. Ich wollte ihn entstauben und ins Rampenlicht setzen«, erläutert Fiona Bennett ihr Anliegen, die das Hutmachen mit voller Hingabe betreibt. Den Konflikt mit der Handwerkskammer löst sie 1988, indem sie ihre Hutkreationen als Kunstobjekte deklariert. Eine Meisterprüfung macht sie nicht, obgleich sie später Modistinnen ausbildet. Und ein Stück weit zeichnet sich hier schon genau das »Sowohl als auch« ab: handwerklich hochwertige Hüte zu gestalten und Performances zu inszenieren.

Gleich eine der ersten Performances verschafft ihr den Durchbruch. Mit Hilfe einer Reihe von Kümmerlingen und Strumpfschuhen und eines »grünen minikurzen Chiffonkleids« gelingt es ihr und ihrer Freundin Lisa D., 1990 eine Geisterbahn für eine Modeschau auf einem Rummelplatz zu mieten. »In der Geisterbahn sollten die Gäste in rasantem Tempo durch einen wilden Traum aus Liebe, Erotik, Weiblichkeit und natürlich, wie es sich gehört, Unvorhergesehenem und Unheimlichem fahren. Wir dachten uns bewegte Bilder wie auf kleinen Bühnen aus. An die Stelle der Ungeheuer sollten unsere lebendigen Modelle in bizarren Roben und Posen treten«, beschreibt sie ihre Idee. Die experimentelle Modeschau im »Tunnel of love« wird ein Erfolg. Die Freundinnen geben Interviews, treten in Talkshows auf und werden gefeiert, bis das Spektakel wirtschaftlich den Bach heruntergeht und grandios scheitert, da das Freundinnenpaar eine dubiöse Agentur einschaltet, die versucht, den wirtschaftlichen Erfolg für sich zu reklamieren. »Was ich mir mühsam aufbaute, riss ich im nächsten Moment wieder ein«, erinnert sich die ideensprühende Hutmacherin an den Moment des Scheiterns. »Ich bin immer wieder gescheitert«, erklärt sie, »und immer wieder aufgestanden«, sie halte nichts davon, ein Scheitern nur negativ zu deuten, häufig sei damit doch ein Wachstum verbunden, was nicht immer so sein muss. Wie damals, als sie 1992 das dreißigjährige Jubiläum der Zeitschrift Playboy im Münchner Botanikum ausrichtet. Statt auf Prostituierte treffen die geladenen Herren auf Zeremonienmeisterinnen und bekommen statt Schweinshaxe ein asiatisches Menü vorgesetzt. »Leider war damit unsere schnelle Karriere als Eventkreative vorbei«, resümiert sie mit ironischem Unterton.

Widerstände begegnen ihr früh. »Meine Mutter war dagegen, dass ich Künstlerin werde«, sagt Fiona Bennett und dies, obwohl die Mutter, die als Lehrerin arbeitet, selbst malt und es in der weiteren Verwandtschaft einige Künstler und Maler gibt. Nachdem die Schullaufbahn der Hutkünstlerin »kurz und leicht schräg abfallend« verläuft, beschließt sie, nicht wie ursprünglich geplant Bildhauerin, sondern Hutmacherin zu werden - zumal das fehlende Abitur ein Kunststudium unmöglich macht. Die Eltern sind entsetzt. »Meinen Wunsch, Modistin zu werden, hielten sie für einen Flitz, für die Flause eines realitätsfernen Teenagers.« Doch Fiona Bennett, die sich als grundoptimistisch bezeichnet, setzt sich durch und ergattert 1985 einen der wenigen Plätze als Modistin im Kreuzberger Hutsalon Pieczinski. »Ich wusste eben früh, was ich wollte, und das zu einer Zeit, als einen Hut zu tragen vollkommen out war.«

In den achtziger Jahren trägt in Deutschland niemand mehr Hüte. »Das war in England anders, wo die neue Hutkreation von Lady Di von den Zeitungen als Meldung aufgegriffen wurde«, so Fiona Bennett, die im englischen Brighton in der Nähe von London geboren wird und dort ihre ersten Lebensjahre verbringt. »Ich habe das Seebad geliebt«, erzählt sie, »insbesondere den breiten Strand, die salzige Luft, das Meer und das Palace Pier«. Der beliebte Urlaubsort hat für die junge Fiona eine ganz besondere, sie prägende Ausstrahlung, mit seinen Gerüchen und seinen pastellenen wie pudrigen Farben. Die Großfamilie Bennett trifft sich zu dieser Zeit häufig im Hause ihrer Großeltern. »In meiner Familie lebten viele in alten, oft morbiden Häusern und fuhren Oldtimer«, erinnert sich Fiona Bennett und fügt hinzu, dass Brighton mit seinen Antiquitätengeschäften, den Windhundrennen und der Eleganz der Bewohnerinnen und Bewohner sowohl ihren Sinn für Schönheit wie auch für Exzentrik und den Spieltrieb geprägt habe. Bis heute kleidet sich die Hutkünstlerin stylisch-elegant, im eigenen Stil - und stets einen Hut auf dem Kopf tragend. Dabei ist ihr bis heute die kindliche Lust an der Verkleidung anzumerken, die lange ihr laszives wie exzentrisches Outfit bei Mode-Shows und Performances prägten.

»Berlin empfing mich schwarz-weiß, besser gesagt vor allem grau, wie ein trister Film Noir«

Als in der Ära Margaret Thatchers die wirtschaftliche Lage für die Familie Bennett schwieriger wird, beschließen die Eltern, 1972 nach Berlin zu ziehen, woher die Mutter stammt. Die Rückkehr ist für die spätere Hutmacherin zunächst ein Schock. Sie erlebt die Stadt als eine Komposition verschiedener Grautöne, durchzogen vom Kohlegeruch. »Berlin empfing mich schwarz-weiß, besser gesagt vor allem grau, wie ein trister Film Noir«, erinnert sie sich. Während die Mutter als Lehrerin für Mathematik, Englisch und Kunst Karriere macht, arbeitet der Vater als Chef der Security-Abteilung beim Englischen Haus und unterhält guten Kontakt zur Hausbesetzerszene.

In Berlin fühlt sie sich erst wohl, als sie einen verrückten wie exzentrischen Freundestrupp um sich versammelt. Gemeinsam feiern sie die Näch-

te durch, entwickeln ungebärdige Ideen und unterstützen sie bei ihren Performances als Models. Talentierte Lebenskünstler sind ebenso dabei wie sympathische Selbstdarstellerinnen. »Meine Familie waren meine Freunde«, bekennt sie. »Wir haben damals ohne Sicherheit gelebt und das Leben als ein Spiel begriffen.« Besonders intensiv freundet sie sich mit der Modeschöpferin Lisa D. aus Graz an, die ihre Lust an Sinnlichkeit teilt und ihre Freude, sich aufbauschend und pompös zu kleiden. Das ist in der Generation ihrer Mutter noch anders. »Diesen frauenbewegten Müttern fehlte oft jegliche Sinnlichkeit. Sie lehnten Weiblichkeit ab«, beurteilt Fiona Bennett die Frauenbewegung.

»Wir haben damals ohne Sicherheit gelebt und das Leben als ein Spiel begriffen«

Nach ihrer Lehre und dem gescheiterten Geisterbahn-Projekt eröffnet sie nach der Wende 1992 in der ehemaligen Seifenfabrik in der Brunnenstraße ein 150 qm großes Atelier – und taucht ein in die Subkultur aus Musikern, Schauspielern und Malern. Das Atelier liegt über dem Club Boudoir, das unkonventionelle, teils schräge Künstlerinnen und Künstler anzieht und sich als Verein um den Erhalt der Fabrik als Künstlerdomizil einsetzt. »So lag ich dann häufig mit meinen Freunden in meinem Riesenbett, und wir tranken, diskutierten oder schauten Filme«, erzählt sie. In ihrem Atelier fertigt sie ihre mehr dekorativen Hüte an, die sich häufig erst an Nachtschwärmer nach Mitternacht verkaufen. Bald zählen bekannte Künstler zu ihren Kunden: Die Schauspielergeschwister Ben und Meret Becker kommen ebenso wie Gräfinnen und Prinzessinnen oder normale »Hutfetischisten«.

Einmal schaut sogar die britische Modedesignerin Vivienne Westwood mit ihrer Entourage in dem Atelier vorbei, trinkt mit Fiona Bennett Bananensaft und lädt sie 1994 zu einem Lehrauftrag an die Berliner Hochschule der Künste als Hutbeauftragte ein. Seit die Hutdesignerin Stars wie Christina Aguilera, Nadja Auermann, Yoko Ono und Wolfgang Joop mit ihren kreativen Kompositionen »behütet«, ist sie auch international bekannt und stattet häufig Couture-Shows und erfolgreiche Filmproduktionen mit ihren glamourösen Kopfbedeckungen aus – so zuletzt 2019 »Babylon Berlin« des Drehbuchautors Volker Kutscher. Fiona Bennetts ästhetisches Gespür zieht sich durch unterschiedlichste Bereiche. Ihre Handschrift ist stets erkennbar, und neue Herausforderungen lassen sie zur Hochform auflaufen.

Die kreative Geschäftsfrau in ihrem Atelier

Zu Renommee verhilft ihr früh die Berliner Rockband Rammstein, die sie wiederrum 1995 durch Zufall kennenlernt, um sogleich als Kostümbildnerin beim ersten großen Auftritt engagiert zu werden. »Rammstein suchte ein visuelles Konzept für ihre brachialen Bühnenshows. Es hatte mich damals gestört, dass so viele Musiker kein Gesamtkonzept besaßen, bestehend aus einer triftigen Message in Kombination mit einem unverwechselbaren Stil in Kleidung und Auftritt«, erzählt Fiona Bennett und ergänzt, dass der Auftritt bei ihrer Modenschau der Gruppe auf der Münchner Praterinsel der erste Ausflug in die bayerische Hauptstadt für die Band gewesen sei. Die Münchner reagieren verstört: »Man hatte sich zu einer Hutmodenschau angemeldet und war in eine höllisch laute, mit Hüten garnierte Rockoper geraten«, amüsiert sie sich.

Kurz zuvor war die lebenslustige Fiona Bennett der Liebe wegen nach München gezogen und kehrt wenig später schwanger mit ihrem Sohn Linus nach Berlin zurück. Als alleinerziehende Mutter und Hutkünstlerin ändert sich ihr Leben radikal. »Ich wollte Linus die Geborgenheit einer Familie geben, dafür musste er sich in mein Künstlerleben einfügen«, sagt sie und berichtet, wie schwer es gewesen sei, beide mit ihrer Arbeit durchzubringen. »Der Spagat zwischen treusorgender Mutter und kreativer Geschäftsfrau führte manchmal zu schmerzhaften Zerrungen«, erinnert sie sich. In der Großen Hamburger Straße mietet sie ein Ladengeschäft mit darüberliegender Wohnung. Hier siedeln sich Galerien, teure Modeboutiquen und Szenerestaurants, Bars und Cafés an. In seinen pastellfarbigen Grundtönen stellt ihr Laden eine Hommage an einen Candy-Shop in Brighton dar, der mit seinen Bonbons, Lakritz-Fischchen und himmelblauem Zuckerwerk ihr Kinderparadies war. »Mein Laden war das Vorzeigegeschäft im Stadtviertel«, berichtet sie und davon, wie sich internationale Kunden, Kamerateams und neugierige Touristen die Klinke in die Hand gaben. »Ende der neunziger Jahre brach sich die Sehnsucht nach Glamour und Celebrity in Mitte ihre Bahn«, erklärt Fiona Bennett und fügt lachend hinzu, dass damit auch in ihr Leben Luxus eingetreten sei. Den verdankt sie nicht nur, aber auch dem amerikanischen Schauspieler Brad Pitt, der sich 2008 in die Malcom-Kappe ihrer ersten Herrenkollektion verliebt, diese kaum noch absetzt und Bennetts Hüten damit zum internationalen Durchbruch verhilft. In Berlin wird Ende der 2000er Jahre die Mütze hip und Fiona Bennett beschließt, diesen Trend zu nutzen, um gemeinsam mit ihrer Freundin Claudia Skoda die Strickkollektion »Kiss by Fiona Bennett« zu gründen. »Die Rechnung ging auf, 2008/09 verkauften sich die dicken Bommelmützen und Schals aus feinster Alpakawolle einfach prima, man riss sie mir fast von den Hutköpfen«, erinnert sie sich.

»Es gibt nichts zu bereuen. Und wenn doch? Dann habe ich es vergessen«

Doch irgendwann belastet sie Berlin-Mitte mit den fordernden wie unfreundlichen Touristen und den Überfällen auf umliegende Geschäfte, was auch daran liegt, dass Fiona Bennett großen Wert auf Umgangsformen legt. »Ich mag Form. Gute Umgangsformen, formvollendetes Benehmen, schöne Hutformen, hübsche Silhouetten, klare Konturen – und vor allem mag ich den Willen zur äußeren Form und zu innerer Gefasstheit«, heißt es in ihrer Autobiografie. Sie überlegt lange, ihren Laden zu schließen und entscheidet sich nach ihrem Erfolg der Strickkollektion zu diesem Schritt. Nach einigen Irrungen und Wirrungen eröffnet sie 2012, gemeinsam mit ihrem Lebenspartner Hans-Joachim Böhme, ein neues Geschäft, diesmal mit Showroom an der lebhaften, sich neu erfindenden Potsdamer Straße mit dem multikulturellen, großstädtischen Flair, Sexshops, Imbissbuden und türkischen Gemüsehändlern.

Bisher hatte sie Atelier und Geschäft strikt getrennt. »Ich habe meist im Verborgenen gearbeitet.« In der Potsdamer Straße ist dies anders. Hier kann der Flaneur im Schaufenster Modistinnen in Uniform beim Schmücken exzentrischer Hüte mit Federn, Blumen, Schmuck und ungewöhnlichen Materialien beobachten. Zu der neuen Transparenz habe der Wandel im Umgang mit Hüten beigetragen, der vor zehn Jahren eingetreten sei. Heute trügen vermehrt Menschen Hut – und dies nicht nur bei Adelshochzeiten und Pferderennen. »Der Hut ist ein wichtiges Accessoire geworden, um die eigene Individualität zu betonen«, meint die erfolgreiche Hutmacherin. Die Persönlichkeit der Menschen mit den passenden Hüten zu unterstreichen, sei eine besondere Freude an ihrem Beruf. Inzwischen habe sie Stammkunden aus der ganzen Welt und verkauft ihre Hüte zu achtzig Prozent ins Ausland. »Hier sind uns natürlich während der Pandemie die Umsätze eingebrochen«, erzählt Fiona Bennett, die im Sommer 2020 so viel arbeitet wie noch nie, sind doch drei ihrer Mitarbeiterinnen in Kurzarbeit und eine entlassen. »Ich liebe Bewegung und Transformationsprozesse, und im Moment sind wir mittendrin in der Veränderung zum Besseren«, sagt die Hutmacherin, die künftig weniger Hüte machen und sich noch mehr auf die einzelnen Stücke fokussieren und konzentrieren möchte. »Bei einem scheuen Seitenblick auf mein bisheriges Leben – und bei dem in den Spiegel – denke ich mir: Es gibt nichts zu bereuen. Und wenn doch? Dann habe ich es vergessen!«, resümiert sie. Fast traut man sich nicht zu fragen, was sie im Alter plane, denn kann eine derart kreative Person überhaupt altern?

Unter die Haube kommen

Wer sie nicht trug, war noch zu haben oder ein »loses Frauenzimmer«. Denn jede anständige verheiratete Frau versteckte bis um das Jahr 1800 ihr hochgestecktes, langes Haar unter der Haube – wovon sich die Redewendung »unter die Haube kommen« für »heiraten« bis heute gehalten hat. An Form, Schmuck und Verzierung von Haube oder Kopftuch ließ sich der gesellschaftliche Stand der Damen ablesen. Turbane, kegelförmige Hüte mit Schleiern, die sogenannten Hennine wurden nach den Kreuzzügen en vogue, wobei vor allem in Italien und Frankreich der Renaissance Damen ihre Freiheiten, auch in der Hutmode, entdeckten. Im 18. Jahrhundert türmen sich die Frisuren der feinen Damenwelt immer höher und werden allenfalls von einem koketten Hütchen bedeckt. Mit der Frauenemanzipation in den zwanziger Jahren befreit sich auch der Hut, der einmal tellerförmig, opulent mit Blumen oder Federn geschmückt, mal als Topfhut ohne Rand getragen wird. Später unterstreichen Hüte die Persönlichkeit der Trägerinnen: als Turbane, breitkrempige Strohhüte oder phantasievolle Tellerhüte. Mit den sechziger Jahren beginnt der Niedergang des Damenhuts, der heute allenfalls zu Hochzeiten, Beerdigungen und Pferderennen getragen wird – sieht man vom Wander- oder Strohhut und von der Wollmütze im Winter ab.

»Ich liebe Bewegung und Transformations-prozesse, und im Moment sind wir mittendrin«

FIONA BENNETT

Hutmacherin

*1963

Beatrice von Tresckow
Modedesignerin

»Es geht alles, die Frage ist nur wie«
Beatrice von Tresckow und ihre Tochter Fredi Gardiner designen farbenfrohe Mode

»Wenn Du etwas richtig gerne machst, hörst Du nicht auf damit und bist irgendwann Unternehmerin«, beschreibt die deutsch-britische Modedesignerin Beatrice von Tresckow die Grundlage ihres Erfolgs. Und wer sie sieht, wie sie vor Ideen nur so sprüht und Charme wie Begeisterung ausstrahlt, glaubt ihr dieses Erfolgsrezept sofort. Beatrice von Tresckow ist die beste Botschafterin ihrer in Farben und Ornamenten schwelgenden Mode. Gekleidet in einen türkisgrünen Seidenmantel mit aufwendigen Stickereien passen die gelb-grünen Flip-Flops und die Quastenohrringe zum Gesamtbild. »Ich schwelge liebend gerne in Farben, bei neutralen Tönen fehlt für mich die Lebensfreude«, sagt die Designerin und meint, dass sie ihre Kundschaft darin bestärkt, mit neuen Farbkombinationen ihre Lebendigkeit auszuprobieren, um sich neu zu entdecken. Die Explosion der Farben, ihre Opulenz und Grandezza kennt Beatrice von Tresckow von frühester Kindheit an.

Ihr Vater, Christoph von Tresckow, arbeitet als landwirtschaftlicher Berater in Dritte-Welt-Staaten wie Indien, Afghanistan, Kenia, Südafrika und Jamaika. »Ich bin schon immer durch die Welt gedüst und habe nie in Deutschland gewohnt«, resümiert sie ihre Kindheit, die sie zur Weltbürgerin werden ließ. Geboren in Nordindien verbringt sie ihre Kindheit in den sechziger Jahren in Kenia, das 1963 die Unabhängigkeit von Großbritannien erlangt. Ihr Vater arbeitet nahe des Victoriasees in dem ostafrikanischen Land als Leiter einer Zuckerrohrfarm, um die heimische Zuckerproduktion zu steigern. Immer wieder kommt es zu Spannungen zwischen den Kleinfarmern, die dem Stamm der Luo angehören, und dem deutschen Management. Die Familie lebt in einem kleinen weißen Haus unter dem Schatten von Eukalyptusbäumen fernab von Nairobi im Busch. Die Eltern schicken die ältere Schwester Maxa in ein Internat in der kenianischen Hochebene. Beatrice erhält Privatunterricht zu Hause. »Meine Mutter hat mich, bis ich zwölf Jahre alt war, zu Hause unterrichtet«, erinnert sie sich, »und zwar so gut, dass ich alle staatlichen Prüfungen sofort bestand«.

Von Kenia zieht die Familie in das damals weltoffene Afghanistan um und erlebt den Sturz des fortschrittlichen Königs Mohammed Zahir Schah und die Errichtung einer an der Sowjetunion angelehnten Republik. In Kabul fährt Beatrice von Tresckow mit dem Fahrrad zur Schule und streift nachmittags mit ihren Freunden durch den Basar, auf der Suche nach handgeschmiedeten Silberkannen, Schachbrettern und Stoffen. In Afghanistan habe sie ihre Liebe zur expressiven Farbigkeit entdeckt. Als die Russen 1979 in das Land am Hindukusch einmarschieren, müssen die Tresckows innerhalb von drei Wochen das Land überstürzt verlassen. Beatrice von Tresckow überzeugt ihre Eltern, sie auf ein Internat in England zu schicken, wo Sport und Kunst großgeschrieben werden. »Mein Kunstlehrer hat mich sehr gefördert«, erzählt sie. Nach einem Vorbereitungsjahr am Plymouth-College studiert sie Textildesign an der Winchester School of Art. Anschließend sucht sie sich einen Job als Einkäuferin bei Marks & Spencer in Südafrika, leben doch die Eltern im benachbarten Königreich Lesotho, das nach seiner Unabhängigkeit von Unruhen erschüttert wird.

»An dem Abend eröffnete sich mir die größte Chance meines Lebens«

Was dann für die Modedesignerin folgt, klingt wie ein Märchen aus Tausendundeiner Nacht. Neben ihrem unbefriedigenden Job, der ihr zu wenige Freiräume bietet, entwirft Beatrice von Tresckow wieder Strickmuster für Pullover, womit sie während ihres Studiums begonnen hatte. Damit gewinnt sie einen Wettbewerb für junge Designer der Ölfirma Shell anlässlich der Einweihung des Firmensitzes in Kapstadt, zu der die High Society der Hauptstadt strömt. »An dem Abend eröffnete sich mir die größte Chance meines Lebens«, erzählt sie. Ein wohlhabendes Ehepaar fängt Feuer für ihre farbensprühende Strickmode, und sie kommen ins Geschäft.

Auf der Grundlage ihrer Entwürfe für Pullover und Strickmäntel gründet das Ehepaar Rupert eine Firma in East London mit 300 Mitarbeiterinnen, darunter viele Analphabetinnen, die Sinn für Muster und Farben haben. In Südafrika herrscht Apartheid. In der Firma brechen Unruhen aus. Die hochwertigen Pullover aus Mohair-Wolle werden trotz großer Erfolge bei Fashionweeks in New York mit hohen Zöllen belegt. »Ich war einfach noch zu jung und mit den komplexen Managementaufgaben überfordert, um mit all diesen Schwierigkeiten fertig zu werden«, erzählt Beatrice von Tresckow und davon, dass die Firma nach fünf Jahren schließen musste. Sie startet nochmals mit fünfzig strickenden

Die Modedesignerin mit ihrer Tochter Fredi Gardiner

»Mamas« durch und verkauft ihre farbenfrohen Pullover von einem Factory-Shop aus an Touristen, die die Fabrik auf ihrer Tour durch Südafrika besuchen. »Inzwischen hatte ich meinen späteren Mann Alex Gardiner kennengelernt - eine Liebe aus Studienzeiten. Er gab mir deutlich zu verstehen, dass er gerne mit mir sein Leben in Europa teilen würde«, sagt die Designerin. Das Paar heiratet 1987. Beatrice von Tresckow verkauft ihre Firma und kehrt nach England zurück. »In England war ich unglücklich, da ich mich nicht allein zur Hausfrau eigne«, berichtet sie lachend. Bald darauf wechselt ihr Mann, ein hoher britischer Offizier, nach Neapel, wo Beatrice von Tresckow Modeschauen für die Ehefrauen organisiert. Bald siegt das Fernweh. Das Paar geht in den Oman, einen Wüstenstaat auf der arabischen Halbinsel, wo ihr Mann eine Spezialeinheit des herrschenden Sultans Quabus ibn Said trainiert, der das Land fünfzig Jahre absolutistisch regiert.

Hier beschließt sie, ihr »Business« neu aufzubauen. Wollpullover werden in dem Wüstenstaat Oman, wo die Temperatur im Sommer auf über 50 Grad steigt, nicht benötigt. Da die Frauen im Oman bestickte Samtgewänder tragen, kauft Beatrice von Tresckow hochwertigen Samt und Seide aus aller Welt. Philippinische und indische Männer besticken die Abendgarderoben nach Entwürfen der Designerin mit Perlen und Ornamenten. Bei Modeschauen in der Hauptstadt Maskat und den Golfstaaten begeistern die Roben sowohl die feine Gesellschaft als auch Touristen. Beatrice von Tresckow hat mit den farbig bestickten Mänteln ihre Bestimmung gefunden, etabliert sich als erfolgreiche Geschäftsfrau und bekommt ihre beiden Kinder Fredi und Max. »Die Kinder liefen nebenbei«, erinnert sie sich an die Zeit im Oman, wo sie von einer Nanny mitbetreut werden.

Den Mut, sich in verschiedenen Weltregionen und Kulturen neu zu erfinden, haben ihr ihre Eltern vermittelt. Der Vater beginnt seine berufliche Karriere als Tungbaum-Pflanzer im Regenwald von Paraguay und beendet sie in Jamaica als Regierungsberater für eine Stiftung. »Es war insbesondere auch dem besonderen Charme meiner Mutter zu verdanken, dass meine Eltern sich weltweit in jeder internationalen Community etablierten«, sagt Beatrice von Tresckow, die sich daran erinnert, dass ihre stets elegant gekleidete Mutter Mittelpunkt vieler Gesellschaften gewesen sei und aus jeder Situation immer das Beste gemacht habe.

»Jedes meiner Stücke ist ein Unikat und deshalb auch nicht zu kopieren«

Als Beatrices Familie nach Cheltham in Mittelengland zurückkehrt, eröffnet sie dort ein Ladengeschäft mit opulent bestickten Gehröcken und Cocktailkleidern, das sich rasch zum Treffpunkt modebewusster Damen etabliert. Anfang der 2000er Jahre folgt ein weiteres Geschäft im Londoner Stadtteil Notting Hill. Außerdem beginnt sie, ihre elegante Modelinie auf deutschen Schlössern und Gutshäusern zu verkaufen. Allmählich macht sie sich einen Namen im britischen und deutschen Hochadel, der ihr Label bei Pferderennen, königlichen Hochzeiten oder vornehmen Gartencocktails trägt. Heute gehören Prinzessin Anne und ihre Tochter Zara ebenso zu ihren Kundinnen wie Isa von Hardenberg, die Grande Dame der Berliner High Society.

Die Produktion findet seit fünfundzwanzig Jahren überwiegend in Indien statt. Vor Ort kümmert sich eine einheimische Geschäftsfrau darum, der Beatrice von Tresckow vertraut und mit der sie befreundet ist. Inzwischen arbeiten rund vierzig indische Sticker und Schneiderinnen für sie, die größtenteils exklusiv ihre Ware zuschneiden, anfertigen und besticken. »Die Hälfte unserer Mitarbeiterinnen und Mitarbeiter ist von Anfang an mit dabei. Manchmal sind Großvater, Vater und Enkel bei uns beschäftigt«, so Beatrice von Tresckow. In Indien erweitert sie ihre Farbpalette um Pink, Türkis, Limettengrün und Orange sowie unterschiedliche Muster von Vögeln bis zu floralen Stickereien. »Jedes meiner Stücke ist ein Unikat und deshalb auch nicht zu kopieren«, so die Designerin, die außerdem in Shanghai anfertigen lässt. Auf ihren vielen Reisen taucht sie ein in die Welt der leuchtenden Farben und Muster und entscheidet vor Ort, wie die Produktion des kommenden Jahres aussehen wird.

Entscheidend für ihren Erfolg sei es, dass ihre Familie fest an sie glaubt. Der Zusammenhalt bei den Tresckows ist enorm. »Ich erinnere mich noch, als die ganze Familie auf Schloss Eyrichshof, das einem Onkel gehört, den Geburtstag meiner Mutter feierte und sie mir zurief, ich solle mal alle Pullover aus dem Auto holen, damit ich sie an Verwandte und Freunde verkaufen könne«, erzählt Beatrice von Tresckow. Als sie zögert, packt ihre Mutter kurzerhand die Pullover selbst aus dem Auto und bietet sie zum Verkauf an. »Ich hätte viel eher darüber nachdenken sollen, meine Mutter mit ins Geschäft zu holen«, meint sie und fügt hinzu, dass die jüngst Verstorbene ein unschlagbares Verkaufstalent gewesen sei.

Ihre Mutter, Renate von Klitzing, stammt ebenso wie ihr Vater aus einer alten preußischen Offiziersfamilie, die fest im protestantischen Glauben wurzelt. »Meine Großeltern Tresckow besaßen in der Neumark, im heutigen Polen, das Gut Wartenberg, idyllisch an einem See gelegen. Hier traf sich die weitverzweigte Familie regelmäßig in den Ferien und an Feiertagen«, erzählt Beatrice von Tresckow und fügt hinzu, dass ihr Großvater Jürgen die Nationalsozialisten abgelehnt und den Verlust der Neumark vorausgesehen hätte. Auch seine jüngeren Brüder, Gerd und Henning, beide Wehrmachtsoffiziere, distanzieren sich nach dem Novemberpogrom 1938 von den Nationalsozialisten. Beatrices Großonkel Henning von Tresckow gehört zu den entschlossensten Köpfen des militärischen Widerstands. Nach dem gescheiterten Attentat am 20. Juli 1944 erschießt sich der Generalmajor, um seine Familie und seine Freunde zu schützen. Sein Bruder Gerd stirbt Anfang September im Gefängnis in der Lehrter Straße.

»Meine Tochter inspiriert mich mit ihrer offenen Art jeden Tag aufs Neue«

In Wartenberg spielt sich ebenfalls eine Katastrophe ab: Beatrices Großvater stirbt im Januar 1944 an den Folgen eines Jagdunfalls; seine Frau und der jüngere Sohn Rüdiger werden im Sommer von den Russen erschossen. Das Schloss brennt bis auf die Grundfesten ab. »Die Wartenberger Geschichte meiner Familie endete mit dem Einmarsch der Roten Armee«, schreibt ihr Vater in seinen Lebenserinnerungen, der als Einziger seiner Familie überlebt. Das Ausland wirkt wie ein Katalysator. »Mein Vater war so begeistert von seiner Arbeit in ständig wechselnden Weltgegenden und hat deshalb immer nach vorne geschaut«, erzählt Beatrice von Tresckow, die ebenfalls mehr in der Gegenwart und für die Zukunft lebt. Vor allem bei ihren regelmäßigen Besuchen in Deutschland habe der 20. Juli 1944 eine Rolle gespielt. »Mein Patenonkel hat viel mit mir über das Attentat und die Folgen für Gesellschaft und die Familie gesprochen.« Inzwischen verarbeitet Beatrices Mann – die wirtschaftliche Seele des Modelabels – die Familiengeschichte fiktional, auf seine Weise: in Agententhrillern. Sein neuestes Buch beginnt in Wartenberg und endet in Afghanistan.

Obwohl Beatrices Familie in England bleibt, nähert sich die Modedesignerin mehr und mehr

Deutschland an. 2015 eröffnet sie in Berlin-Charlottenburg ein weiteres Geschäft, das ihre Tochter Fredi von Anfang an leitet. Beatrice von Tresckow hat ihre ursprüngliche Modelinie um unifarbige Seidenschuhe, einfarbige, bunte Etuikleider und Blusen erweitert. Außerdem verkauft sie in ihren Geschäften den dazu farblich abgestimmten Schmuck.

»Immer mehr Kundinnen kommen in unsere Läden und wollen sich am liebsten von oben bis unten einkleiden, bevor sie für das Komplementieren ihrer Garderobe in verschiedene Geschäfte gehen«, berichtet Beatrice von Tresckow. In Berlin können Kundinnen auch in die knallbunten, in Blockfarben gestalteten Business-Kleider von Fredi Gardiner schlüpfen, die sich an junge berufstätige Frauen richten. »Ich bin begeistert, dass Fredi mit ihrer unbändigen Energie und Tatkraft in das Family Business eingestiegen ist«, meint die Mutter, die froh ist, dass damit auch die Nachfolgefrage geklärt ist. »Meine Tochter inspiriert mich mit ihrer offenen Art jeden Tag aufs Neue«, so die Unternehmerin. Derzeit ist viel Durchhaltevermögen und Erfindergeist gefragt. Die Corona-Krise hat massive Auswirkungen auf das Modelabel: Die Produktion in Indien brach zusammen, da die Arbeiterinnen zu ihren Familien aufs Land zogen oder in Neu-Delhi in Quarantäne waren. Langsam laufe das Schneidern wieder an. In England waren die Geschäfte bis Juli 2020 geschlossen. Da niemand mehr große Feste oder Hochzeiten feierte, blieben die eleganten Kleider und Mäntel im Lager. »Wir haben zwei Saisons verloren und arbeiten jetzt mit Volldampf an der Frühjahrsproduktion«, sagt Beatrice von Tresckow, die nicht Beatrice von Tresckow wäre, wenn sie nicht auch diese Krise positiv mit ihrer Tochter genutzt hätte. So sollen künftig – neben der Festtagsgarderobe – auch Kleider für den täglichen Gebrauch geschneidert werden, das Onlinegeschäft wird ausgebaut.

»Ich bin gespannt, wo wir in einem Jahr stehen«

Und: Mutter und Tochter überlegen, den Hauptsitz der Firma nach Deutschland zu verlegen – schließlich stehen im Zuge des Brexit einige Änderungen bevor. »Ich bin gespannt, wo wir in einem Jahr stehen«, sagt Beatrice von Tresckow in ihrer gelassenen Art. »Es geht alles, die Frage ist nur wie.«

Die Enten und die Tres(c)kows

Drei Enten schmücken das Wappen der Familie von Tresckow, eines alten, ursprünglich in der Mark Brandenburg ansässigen Adelsgeschlechts. Erstmals urkundlich erwähnt wird im 14. Jahrhundert ein »Hinricus Treskowe auf Buckow«. Der 1756 unehelich geborene Sigmund reüssiert als Unternehmer, Gutsbesitzer und Pariser Gesandter und begründet die Linie der »Treskows« – ohne »c«. Die Familien verwalteten ihre – teils ausgedehnten – Güter und dienen als Offiziere in der preußischen Armee, vielfach mit glanzvollen Karrieren. Am Bekanntesten ist Generalmajor Henning von Tresckow, der entscheidende Kopf im Widerstand gegen Adolf Hitler. Fast hätte es die Familie sogar in den berühmten Roman »Effi Briest« des Schriftstellers Theodor Fontane geschafft: Schließlich sollte die Heldin ursprünglich Betty von Treskow heißen.

Die Erde ein Stück weit
besser machen

Nachhaltigen
GENUSS
KREIEREN

Wo nachhaltige
und natürliche Produkte
Genuss veredeln

1914 – 2013

Elisabeth Sigmund *Kosmetikherstellerin auf natürlicher Basis*

Als Naturkosmetik noch nicht en vogue war *Elisabeth Sigmund begründet die Dr.-Hauschka-Kosmetiklinie*

»Es gibt zwei Schönheiten, eine innere und eine äußere«, erzählt Elisabeth Sigmund, Mitbegründerin der Dr.-Hauschka-Kosmetiklinie. 1967 kommt »Dr. Hauschka heilende Kosmetik nach Elisabeth Sigmund« auf den Markt, die die österreichische Kosmetologin mit Salon in Stockholm zusammen mit der deutschen Arznei- und Kosmetikfirma WALA kreiert hatte. Die heilende Kosmetik umfasst Gesichtswaschcreme, Gesichtswasser, Gesichtssöl, Gesichtsnährmilch, Tageskosmetikum, Rosencreme, Hautkur, Lippenkosmetikum, Augenkompressen und Seidenpulver, welche die Selbsthilfekräfte der Haut unterstützen sollen. Doch bald reicht es ihr nicht mehr, nur das Hautbild zu verbessern. Sie möchte, dass eine Frau das Beste aus ihrem Typ macht, indem sie sich schminkt. Dies hat Elisabeth Sigmund während ihrer Jahre am Theater perfektioniert. 1981 bringt WALA eine von Elisabeth Sigmund entwickelte dekorative Kosmetiklinie auf den Markt mit Lippen- und Augenlidtönung, die zunächst nur bei Dr.-Hauschka-Kosmetikerinnen verkauft werden. Ihr Durchbruch als Unternehmerin beruht auf ihrer langjährigen, über Jahrzehnte verfeinerten Erfahrung mit Heilpflanzen, deren Wirkweise sie für Kosmetika nutzt. Allerdings schafft sie kein Kosmetikimperium wie die Amerikanerinnen Estée Lauder, Elisabeth Arden oder Helena Rubinstein, sondern gilt als Pionierin der Naturkosmetik, die den ganzen Menschen im Blick hat.

Kurz nach Ausbruch des Ersten Weltkriegs wird Elisabeth Resch in Wien als jüngste Tochter in eine gutbürgerliche Familie hineingeboren. Der Vater arbeitet als Politologe im Ministerium für Kultur und Unterricht, die Mutter entstammt dem böhmischen Hochadel und wird zeitlebens Probleme mit der ungewöhnlichen Berufstätigkeit ihrer Tochter haben. Schon die Salbendöschen der Mutter auf dem Toilettentisch erwecken das Interesse der Jugendlichen. Wie viele Frauen ihrer Zeit lässt die Mutter ihre Kosmetik in der Apotheke mischen, wie beispielsweise ein Hamamelis-Gesichtswasser. Auch die Großmutter schwört auf die dort angerührte »Creme Celeste« aus Mandelöl und Rosenwasser – nach dem Rezept der Kaiserin Elisabeth. Unterstützt vom Apotheker beginnt Elisabeth Resch schon in jun-

Pionierin der Naturkosmetik

gen Jahren, mit verschiedenen Heilpflanzen zu experimentieren und Kosmetika zu mischen, wohinter ihre Mutter Eitelkeit vermutet.

Animiert vom Blumengarten ihrer Großmutter überlegt Elisabeth Resch, zunächst Gärtnerin zu werden, gibt diesen Plan aber bald wegen der schweren körperlichen Arbeit wieder auf und absolviert eine Ersthelferinnen-Ausbildung. Nach einer Jugend zwischen Bällen und Sommerfrische beginnt sie 1933, Medizin zu studieren, was sie aber nach drei Semestern wegen einer Krankheit aufgibt. Sie beschließt, sich ganz der Kosmetik zu widmen. Da es für die Ausbildung zur Naturkosmetik kein Institut gibt - zumal es für höhere Töchter unschicklich ist, sich zu schminken - bringt sich die Wienerin die Grundlagen im Selbststudium bei: Sie liest sich in Kloster- und Unibibliotheken durch Traktate zu Heilpflanzen und macht Praktika in Kosmetikfirmen. Im Wiener Kosmetikinstitut Pessl lernt Elisabeth Resch die Nachteile einer traditionellen Behandlung kennen, bei der oft die Hautporen verstopft werden. »Es hat mir nochmals ganz klar vor Augen geführt, was mein innerer Motor für so vieles in meinem Leben war. Es waren die Liebe zu den Heilpflanzen und zur Ästhetik, die in mir zu einer lebensbestimmenden Passion verschmolzen: der Kosmetik«, äußert sie sich über ihren Berufswunsch.

Ausschlaggebend für die Berufswahl ist die intensive Beschäftigung mit den Lehren des Anthroposophen Rudolf Steiner (1861-1925). Schon der Vater erzieht seine jüngste Tochter nach der anthroposophischen Lehre. Als er 1929 mit nur 42 Jahren stirbt, übernimmt ein Familienfreund diese Aufgabe - ohne die streng katholische Mutter darüber zu informieren. Noch in anderer Weise wird das Jahr 1929 für die sensible Elisabeth Resch ein Schicksalsjahr: In der Straßenbahn verliebt sich der Offizier Karl Sigmund in sie, den sie 1937 heiratet und der sie zeitlebens unterstützen wird.

Sigmunds Traum von der Karriere als Diplomat beenden die Nationalsozialisten, die 1938 Österreich besetzen. Er zieht als Hauptmann in den Krieg, während seine Frau als Rotkreuzschwester arbeitet und im Gartenhäuschen literarische Abende für Regimekritiker veranstaltet. Nach dem Krieg wird der Offizier von der russischen Geheimpolizei verhaftet und erst 1947 wieder freigelassen. In der Zwischenzeit frönt Elisabeth Sigmund ihrer zweiten Leidenschaft und arbeitet als Dramaturgin und Regieassistentin. Nach der Freilassung will das Ehepaar neu beginnen. Beide emigrieren nach Stockholm, wo der Anfang sehr schwierig wird. Elisabeth lernt Schwedisch und verfeinert ihre eigene Kosmetiklinie. Dafür bestellt sie Bienenwachs, Seide oder getrocknete Pflanzen, um Rosencreme und Gesichtswaschcreme mit Mandelmehl herzustellen. Für ihre zahlreichen Tänzerfreunde entwickelt sie ein Fußbad aus Salbei zur Rekreation ihrer Füße. Als sich die hohe Qualität, vor allem aber die Wirksamkeit der Naturprodukte in ihrem Freundeskreis herumspricht, eröffnet Elisabeth Sigmund in den fünfziger Jahren ihren eigenen Schönheitssalon (»Salong för Skönhetsvård«). Im Mittelpunkt stehen die ganzheitliche Behandlung sowie die Entspannung der Kundinnen, die durch Lymphdrainage, Gesichtsgymnastik und Fußbäder gefördert wird. Die ganzheitliche Behandlung umschließt auch Lebensführung und Selbstfürsorge, weshalb für die Wienerin aktives Zuhören entscheidend ist. »Die Kosmetikerin ist die Vertraute der Klientin«, meint sie und ergänzt, dass oft private Sorgen, wie beispielsweise Eifersucht, ein Gesicht nicht attraktiv erscheinen ließen, woran auch eine Behandlung zunächst nichts ändern könne.

Als Rohmaterialien bestellt Elisabeth Sigmund von Schweden aus Arzneimittelampullen der deutschen Firma WALA. Seit 1935 stellt die WALA Heilmittel GmbH Arzneimittel nach Rezepten des österreichischen Chemikers Rudolf Hauschka her, die die Selbstheilungskräfte des Körpers durch wässrige Heilpflanzenauszüge aktivieren sollen. Rudolf Hauschka plant, neben Arzneimitteln auf Naturbasis auch eine Kosmetiklinie zu entwickeln und stößt auf Elisabeth Sigmund, die Naturkosmetik in Stockholm kreiert hatte. Es entwickelt sich Anfang der sechziger Jahre eine fruchtbare Zusammenarbeit zwischen Elisabeth Sigmund und WALA, die 1967

Schönheit durch ganzheitliche Lebensführung

in der »Heilenden Kosmetiklinie nach Elisabeth Sigmund« mündet. Die Kosmetikerin lässt darin ihre in Schweden gewonnenen Erkenntnisse einfließen, wonach es wegen der Wandlungsfähigkeit der Haut keine Hauttypen gibt. Berühmt wird ihre fettfreie Nachtpflege, die die Poren nicht verstopft. Der Erfolg gibt ihr Recht: Innerhalb weniger Monate werden über 5.000 Kosmetikpackungen in alle Welt verkauft. Das Ehepaar Sigmund gibt daraufhin zwei Jahre später seinen Wohnsitz in Schweden auf und zieht nach Baden-Württemberg. Dort etabliert Elisabeth Sigmund sowohl die dekorative Kosmetik als auch die Weiterbildung zur Hauschka-Kosmetikerin. Bis ins hohe Alter begleitet das Paar die Geschicke der WALA, hält Vorträge und veranstaltet anthroposophische Abende. »Es ist sicher so, dass heute Kosmetikinstitute aufgesucht werden, die voll mit Apparaten sind, weil diese für besser gehalten werden. Wenn die Patienten aber Einblicke in unsere Behandlungsmethoden hätten und die Wirkung unserer Kosmetik kennen würden, dann würde sich viel ändern und hat sich schon viel geändert«, resümiert die über Neunzigjährige, stets dezent geschminkte, Elisabeth Sigmund, die 2013 stirbt.

Königinnen der Kosmetik

Das frühe 20. Jahrhundert ist das Jahrhundert weiblich geführter Kosmetikimperien. 1910 gründet Elizabeth Arden (1878-1966) auf der Fifth Avenue in New York ihren ersten Salon. Hier verkauft sie nicht nur ihre selbstgemachten Beauty-Produkte, darunter die »Eight-Hour-Creme«, sondern übt mit den Damen der feinen Gesellschaft Gymnastik und bietet wohltuende Massagen. »Ich will erreichen, dass sich eine Frau ohne Make-up nackter fühlt, als wenn sie ohne Kleider über den Broadway gehen müsste«, sagt Elizabeth Arden. Dies gelingt ihr ebenso wie ihrer erbitterterten Gegnerin Helena Rubinstein (1872-1965). Die durchsetzungsstarke Polin will ebenfalls mit Schönheitssalben, Pulvern und Salons auf der Gesellschaftsleiter ganz nach oben. 1953 eröffnet sie in New York die größte, je von einer Frau gegründete Firma. Das Geschäft mit der Eitelkeit macht beide ebenso reich wie mächtig: 1925 investieren Amerikanerinnen sechs Millionen Dollar in ihre Schönheit und sprengen die Fesseln der Prüderie des 19. Jahrhunderts, das allenfalls Kokotten und Schauspielerinnen rote Lippen erlaubt hatte. Den Kosmetikmarkt mischt auch die Selfmadefrau Estée Lauder (1906-2004) mit ihren Pröbchen auf. Wie Rubinstein und Arden stammt sie aus kleinen Verhältnissen, kämpft sich nach oben, gründet ein Weltimperium und stirbt als eine der reichsten Frauen der Welt. Gemeinsam gründen die Kosmetikerin Margarethe Sendler und die Ärztin Bertha Roeber 1936 in Düsseldorf die erste deutsche Kosmetikfirma »MARBERT«. In einer Zeit, als Apotheker Schönheitssalben und Tinkturen mischen und Prüderie und Scham jedes weibliche Körpergefühl ersticken, setzen die Polin Helena Rubinstein und die Amerikanerin Elizabeth Arden schon auf Lippenstift, Massagen und Puderdosen. Im Dienst der Schönheit.

»Es gibt zwei Schönheiten, eine innere und eine äußere«

ELISABETH SIGMUND

Kosmetikherstellerin auf natürlicher Basis

43336

Aktiengesellschaft der mechan. Strickereien
vormals Zimmerli & Cie
Aarburg
Polygraphisches Institut A.-G., Zürich.

Pauline Zimmerli *Gründerin der Strumpffirma*

1829 – 1914

Rosa Schleifen und erotische Negligés *Wie Pauline Zimmerli ihre Familie rettet und nebenbei die Trikotwirtschaft begründet*

George Clooney trägt sie. Halle Berry trägt sie. Hassan II. von Marokko trug sie: Die feingerippte Unterwäsche der Schweizer Firma Zimmerli, die mit dem Slogan wirbt, »die beste Unterwäsche« der Welt zu sein. Für eine Unterhose - ob Business Class oder Sea Island - müssen die Kunden bereit sein, zwischen 49 und 129 Schweizer Franken zu bezahlen. Täglich stellen dafür 55 Näherinnen in der Südschweiz rund 1.300 Unikate in 18 Arbeitsschritten per Hand her, die sich weltweit verkaufen. »In Zeiten industrieller Massenproduktion ist es mehr denn je ein besonderer Luxus, feinste Stoffe und von Hand gearbeitete Wäsche zu tragen«, führt die Marke an. Als letzter Wäschehersteller der Schweiz setzt Zimmerli auf unprätentiöse Luxusunterwäsche mit deutlichem Heimatbezug - und damit bewusst auf eine 148-jährige Tradition, die mit der Gründerin des Unternehmens begann: Pauline Zimmerli-Bäurlin. »Paulines Geist ist auch heute noch in unseren Räumen spürbar - wir sind sehr stolz, wie sie damals ihrem Mann und seinen Kindern wieder auf die Sprünge half und mit ihrem innovativen Erfindergeist die bekannte Rippe entwickelte«, heißt es aus dem Hause Zimmerli. Und in der Tat half die mutige Handarbeitslehrerin ihrem Mann Johann Jakob Zimmerli das zweite Mal aus der Patsche. Denn 1859 mit 30 Jahren hatte Pauline Bäurlin den Rotfärber mit sechs Kindern geheiratet, um die sie sich künftig ebenso kümmerte wie um ihr leibliches Kind Oscar. Großfamilie ist Pauline gewohnt, die in Aarau mit sieben Geschwistern und einer früh verwitweten Mutter aufwächst.

»Pauline Zimmerli begründet eine ganz neue Branche«

Als mit dem Aufkommen der Anilinfarbe das Färben mit Krapp aus der Mode kommt, geht Johann Jakob Zimmerli in Konkurs und steht mit seiner Kinderschar vor dem Ruin. In der Zeitung liest er von einer gerade erfundenen Strickmaschine aus Amerika. Er schickt seine Frau Pauline nach Basel, wo sie ein Vertreter des Strickmaschinenerfinders in die neue Kunst einweist.

Pauline ist so begeistert, dass sie die 1863 von dem Amerikaner Isaac William Lamb entwickelte erste Flachstrickmaschine kauft. Mit der Maschine lassen sich schlauchförmige Strümpfe mit dem Muster »rechtsrechts« stricken – allerdings noch ohne Ferse. Nach Anfangsschwierigkeiten erfreuen sich Pauline Zimmerlis Strümpfe weit über Aarau – wo die Familie lebt – großer Beliebtheit. Aus der Heimarbeit entwickelt sich ein so florierendes Gewerbe, dass sie mehrere Arbeiterinnen anstellt – und ihre Familie versorgen kann. Doch nur rechts zu stricken, wie es mit der Flachstrickmaschine möglich war, reicht Pauline Zimmerli nicht. Sie entwickelt die Lambsche Maschine zur Zwei-Nadel-Strickmaschine weiter und schickt ihre Pläne nach Amerika, wo Isaac William Lamb nach ihren Wünschen eine weiterentwickelte Strumpfmaschine baut, die gerippt-gestrickte Unterwäsche produzieren kann. Mit dieser Innovation – die sich in die im 19. Jahrhundert vielfach verbesserten Strickmaschinen einreiht – legt Pauline Zimmerli den Grundstein für spätere Weltunternehmen und für die gesamte Schweizer Trikotherstellung.

Der Erfolg lässt nicht auf sich warten: Die Firma Zimmerli präsentiert ihre feinen Dessous mit rosa Schleifen, das erotische Negligé, die elegante Herrensocke und das anschmiegsame Trikot bereits 1878 auf der Pariser Weltausstellung als »Camisoles suisses«. Die Neuheit aus der Schweiz lässt sich im Pariser Warenhaus Bon Marché besorgen. Bald wächst die Nachfrage so rasant, dass auch die beiden Söhne Adolf und Oscar in das Unternehmen einsteigen. Oscar Zimmerli lässt hierfür seine Karriere im Postdienst sausen, macht eine Ausbildung zum Textilkaufmann und vermarktet Strümpfe, Socken und Dessous in Amerika und im Rest der Welt. In Aarburg lässt Oscar – der die Firma inzwischen in eine Aktiengesellschaft umgewandelt hat – eine große Fabrik bauen. Als Pauline Zimmerli 1914 stirbt, hat sich ihre kleine Firma zum Weltkonzern entwickelt. Ihre Produkte gelten, wie die Schokolade oder Uhren, als Markenzeichen der Schweiz.

Strumpfgeschichten

Enganliegende Strümpfe mit Ferse und Zwickel gibt es vor allem seit dem 16. Jahrhundert, als ein kühner Modist beschloss, den Strumpf von der Hose zu trennen. Seitdem sind Socken und Strümpfe eigenständige Kleidungsstücke, mit der sich zunächst der Adel und die hohe Geistlichkeit in Seide oder Wolle hüllten – stets angepasst an das Beinkleid, das mal als gepolsterte Oberschenkelhose, mal als Kniebundhose daherkam. Die »Demokratisierung« des Strumpfs setzte eine schnelle wie effektive Herstellung in Gang. Schon 1589 erfand der Engländer William Lee einen Handkulierstuhl für Strumpfwirkerei. Anfang des 19. Jahrhunderts kamen die ersten Rundstrickmaschinen auf den Markt, mit denen sich Strümpfe und Socken weitgehend maschinell aus Wolle und Baumwolle stricken ließen. Die Damenwelt entdeckte den Strumpf erst im 18. Jahrhundert – bis die bunten Seidenstrümpfe mit dem verführerischen Strumpfband ihren Siegeszug antraten. Was das Strumpfband für das 19. Jahrhundert war, ist der Nylonstrumpf mit und ohne Naht für das 20. Jahrhundert: spätestens mit dem Minirock für jede Frau ein »Must-have«.

»Paulines Geist ist auch heute noch in unseren Räumen spürbar«

ZIMMERLI TEXTIL AG

*1987

Sophie Schweisfurth *Biounternehmerin mit Mission*

»Biologische Landwirtschaft erfüllt mein Leben« *Wie Sophie Schweisfurth die Herrmannsdorfer Landwerkstätten in die Zukunft führt*

»Wer in die Fußstapfen anderer tritt, hinterlässt keine eigenen.« Dieses Zitat von Wilhelm Busch fasziniert Sophie Schweisfurth, markiert es doch ihren Anspruch, als neue Geschäftsführerin der Herrmannsdorfer Landwerkstätten eigene Ideen zu verwirklichen. Seit 2017 verantwortet die Betriebswirtin die Geschicke des Bio-Landwirtschaftsbetriebs in Glonn südöstlich von München, der eng mit dem Namen Karl Ludwig Schweisfurth verbunden ist, dem weit über Deutschland hinaus bekannten Biopionier und Visionär. Sophies Großvater hatte 1986 die Herrmannsdorfer Landwerkstätten gemeinsam mit seinen Zwillingssöhnen Karl und Georg Schweisfurth gegründet, als noch niemand den Mut hatte, schmackhafte wie gesunde Lebensmittel im Einklang mit Tier und Natur in traditioneller Handwerkskunst in einem Ökobetrieb herzustellen. Seitdem steht der Musterbetrieb für artgerechte Tierhaltung, ökologische Landwirtschaft und traditionelle Handwerkskunst: vom Bier hin zum Schnaps, vom Nierenzapfen und der Bratwurst bis hin zu frischen Semmeln. »Wir stellen traditionelle ökologische Lebensmittel her, die den Kunden den größten möglichen Genuss bescheren«, bringt es Sophie Schweisfurth auf den Punkt.

Der Großvater hatte mit 56 Jahren sein Leben komplett umgekrempelt und das von ihm aufgebaute Fleischimperium Herta im Ruhrgebiet verkauft, in dem wöchentlich 25.000 Schweine maschinell geschlachtet und in kürzester Zeit verarbeitet wurden, um Fleisch zu günstigen Preisen auf den Tisch zu bringen. Bei dem umstrittenen Fleischgroßhändler Tönnies wurden täglich ungefähr 25.000 Schweine getötet. »Irgendwann hielt mein Großvater diese für Tiere und Mitarbeiter würdelose Produktionsweise nicht mehr aus. Von dem Erlös aus der Fleischfabrik gründete er sowohl eine Stiftung als auch die Herrmannsdorfer Landwerkstätten und kaufte Gut Sonnenhausen, das mein Vater bewirtschaftet«, erzählt Sophie Schweisfurth.

Die Kehrtwende des Patriarchen vom großindustriellen Fleischfabrikanten zum werteorientierten Biobauern prägt die Familie bis heute.

Fast jedes Familienmitglied setzt sich für ein Leben im Einklang von Mensch, Tier und Natur ein: Sophies Schwester gründet das nachhaltige Modelabel YUBI; Bruder Max verkauft erfolgreich in Europas Bars und Restaurants den Aperitif Mondino aus der Familienbrennerei nach alter italienischer Rezeptur und handelt in den USA mit italienischen Weinen. Vater Georg verwandelt das verwunschen gelegene Schloss Gut Sonnenhausen samt Bauernhaus in ein lässig geführtes Biohotel, wo im Stilmix von Tradition und Moderne ausgeruht, getagt und gefeiert wird. »Ich bin die ersten sechs Jahre meines Lebens in Glonn inmitten von Tieren, dem Duft von frischem Brot, guten Würsten und Hühnern und Kühen auf der Weide aufgewachsen«, erinnert sich Sophie Schweisfurth an die Zeit, als ihr Großvater und ihr Vater die Herrmannsdorfer Landwerkstätten gemeinsam bewirtschafteten.

»What do you really, really want in your life, Enkelchen?«

1996 übernahm Onkel Karl mit seiner Frau Gudrun die Geschäftsführung und baute mit Herzblut den zunächst von umliegenden Bauern belächelten Betrieb in zweiundzwanzig Jahren in ein rentables Vorzeige-Ökogeschäft aus. »Ich habe einerseits so viel familiären Rückhalt, andererseits so viele eigene Ideen, dass ich zwar Respekt aber keine Angst davor habe, in die Fußstapfen meines Großvaters und Onkels zu treten«, sagt Sophie Schweisfurth gelassen.

Als Dritte von acht Enkeln ist es zunächst nicht klar, dass ausgerechnet sie es sein wird, die in dritter Generation die Herrmannsdorfer Landwerkstätten in die Zukunft führt. Schließlich gibt es die fünf jüngeren Cousinen und Cousins oder Sophies Geschwister. »What do you really, really want in your life, Enkelchen?«, habe sie der Großvater liebevoll immer wieder gefragt. Nach dem Abitur auf dem Französischen Gymnasium in München durchläuft Sophie auf Wunsch des Großvaters alle Stationen entlang der Wertschöpfungskette in Herrmannsdorf: Landwirtschaft, Werkstätten und Verkauf. Denn Karl Ludwig Schweisfurth will, dass seine Enkel den Wert von praktischer Arbeit kennen. Auf die Idee, in Herrmannsdorf einzusteigen, kommt sie zunächst nicht. »Ich hatte schon immer ein besonders Faible für Sprachen und fremde Kulturen«, erzählt Sophie Schweisfurth, weshalb sie während der Schulzeit ein Jahr in der Franche-Comté in einer Großfamilie verbringt. Nach einem Bachelor in Internationaler Kommunikation an der Münchner Sprachen- und Dolmetscherschule, setzt sie einen Master an der European Business-School in Oxford drauf. Die Abschlussarbeit verfasst sie über das Modelabel ihrer Schwester, der sie hilft, die Marke aufzubauen. Irgendwann weiß Sophie Schweisfurth, dass sie in ein ökologisches Lebensmittelunternehmen will. Für über drei Jahre arbeitet sie in einer jung-dynamischen Biolebensmittelmanufaktur in Bad Aibling und gestaltet den Aufbau mit. »Für mich ist entscheidend, mich ständig weiterzuentwickeln und mehr Verantwortung zu übernehmen«, erzählt die bodenständige Jungunternehmerin, die in München eine Waldorfschule besuchte. »Eine Arbeit, in der ich keinen Sinn erkenne, kommt für mich nicht in Frage.«

Als deutlich wird, dass ihr Onkel sich künftig auf die Landwirtschaft konzentrieren und seine Frau nach einem Studium an der Jesuitenhochschule eine Denkwerkstatt eröffnen will, klopft Sophie bei beiden an. Was folgt, sind über Wochenenden andauernde Couchgespräche über Generationenverantwortung, richtige Führung oder neue Wege in der Ökolandwirtschaft. »Wir haben ein Jahr lang diskutiert und zunächst war überhaupt nicht klar, dass ich den Chefsessel übernehmen würde«, berichtet Sophie Schweisfurth, die sich über ein mögliches Konfliktpotenzial in der Familie bewusst ist. »In dem Jahr hat sich ein unverbrüchliches Vertrauensverhältnis aufgebaut«, so Sophie Schweisfurth. Entscheidend für sie sei, dass sie einerseits sehr viel familiären Rückhalt, andererseits aber auch genügend Freiräume habe. »Ich habe mit meinen Geschwistern, Cousins und Cousinen intensive Gespräche geführt und am Ende schienen alle zufrieden, dass ich mit meinem Mann Mathias Stinglwagner Herrmannsdorf als Geschäftsführerin leiten würde«, berichtet die sprachbegabte Betriebswirtin. »Mein Onkel Karl sorgt sich weiterhin um die Landwirtschaft, mein Mann um Vertrieb und Marketing und ich mich um die Produktion.« Bei Problemen, die aus den unterschiedlichen Sichtweisen und Temperamenten der Beteiligten resultieren, werde so lange diskutiert, bis diese ausgeräumt seien. »Mein Mann und ich halten uns den Rücken frei«, erzählt die Mutter der kleinen Maja. Eine zweite Tochter ist gerade unterwegs. Selbstverständlich sei dem Ehepaar bewusst gewesen, dass Herrmannsdorf kein Job sei, sondern eine Lebensaufgabe. »Für uns steht die Familie im Vordergrund. Wir wollen uns Kindererziehung und Arbeit teilen«, sagt Sophie Schweisfurth. Das Ehepaar ist lang vertraut. Schon mit 17 Jahren haben sich der ehemalige Unternehmensberater, der aus einer Handwerksfamilie stammt, und Sophie Schweisfurth kennengelernt. Dieses Lebens- und Arbeitsmodell funktioniere deshalb, weil jeder seinen klar getrennten Bereich verantworte. »Wir ergänzen uns gut, da wir uns in emotionalen Themen deutlich unterscheiden«, bringt es Sophie Schweisfurth auf den Punkt und fragt sich lachend, wie es wohl werde, wenn das nächste Kind auf der Welt sei.

Wer an wogenden Feldern vorbei und durch dichten Mischwald auf kurvigen Straßen Richtung Glonn fährt, den erwartet dort ein ländli-

Sophie Schweisfurth erklärt Prinz Charles die Herstellung der Lebensmittel in ihrem Betrieb

Ganze Verwertung, vollkommener Genuss

ches Idyll, wie es vor siebzig Jahren noch gang und gäbe war. Auf den Ganzjahresweiden stolzieren ein paar Hühner, Schafe und Rinder dösen einträchtig vor sich hin. Im weiträumigen Hofrondell kuscheln draußen im Gehege vier Landschweine so nahe aneinandergedrängt, dass vom Kleinsten unter dem Stroh nur das Hinterteil herausschaut. Aus dem Hofkindergarten hallt das Geschrei eines Jungen, der gerade mit dem Wasser aus einer Gießkanne begossen wird. In der Rohmilchkäserei erfährt der Besucher, wie aus unbehandelter Kuhmilch im kupfernen Käsekessel ein schmackhafter Glonntaler wird. Auf der Obstwiese wechseln sich Apfel- und Zwetschgenbäume ab, dazwischen schwarze und rote Johannisbeeren.

Die Herrmannsdorfer Landwerkstätten funktionieren wie ein Dorf, in dem es – bis auf eine Kapelle – alles gibt. Ackerbau, Aufzucht und Mast der Tiere, traditionelle Handwerkskunst und Verkauf im Hofladen oder den Filialen in München und Glonn – alles greift ineinander, jede Ressource wird effizient genutzt. »Wir verwerten vom Schwanz bis zur Schnauze«, sagt Sophie Schweisfurth, die Verantwortung für fast 290 Mitarbeiter trägt. Die über hundert regionalen Gärtnereien, Milchbauern, Mälzereien oder Getreidebauern bilden ein stimmiges Orchester, das gemeinsam nach ethischen Grundsätzen handelt und arbeitet. »Gerade in der Corona-Krise habe ich gemerkt, wie weitsichtig mein Großvater gehandelt hat«, erzählt Sophie Schweisfurth: »Wir sind hier auf dem Hof Selbstversorger.« Von außen wird – sieht man von den Rohstoffen der Lieferanten ab – wenig gebraucht. Rund achtzig Mitarbeiterinnen und Mitarbeiter wohnen mit ihren Familien auf dem Hof. Die Familie ihres Onkels lebt im Gutshaus, Sophie mit Mann und Kind etwas weiter die Straße herunter. Sicher sei es nicht einfach, abends abzuschalten, aber der Vorteil sei, dass sie aufgrund der kurzen Wege und der hier lebenden Familienmitglieder Beruf und Kinder bestens verknüpfen könne. »Besonders wichtig ist es uns, Kindern, die noch nie eine echte Kuh gesehen haben, oder Städtern, die Fleisch nur abgepackt aus dem Kühlregal kennen, einen Eindruck zu vermitteln, wie wir mit unseren Tieren umgehen«, erzählt Sophie Schweisfurth. Transparenz, Dialog mit dem Verbraucher und sinnliches, zu Herzen gehendes Erleben wird deshalb in Glonn großgeschrieben. Wer sehen möchte, wie Wurstringe in der Metzgerei entstehen, steigt auf ein Podest und schaut durchs Fenster; einen Brotzeit-Picknickkorb mit zwei Flaschen Schweinsbräu vor Alpenpanorama erwirbt der Besucher in der Infocube, auf speziellen Spaziergängen lassen sich Schweine, Schafe, Legehennen oder Rinder beobachten. Kinder lernen Brezn zu drehen, Erwachsene eine halbe Sau auszunehmen.

Dabei geht es nicht alleine um die praktischen Vorteile von Biolandwirtschaft, sondern stets um die Philosophie, die ihr Großvater Karl Ludwig Schweisfurth in zahlreichen Büchern vermittelt habe. So ist es kein Zufall, dass Sophies Tante Gudrun im Herrmannsdorfer Gutshaus vor Kurzem eine Denkwerkstatt eröffnet hat, in der es darum geht, Konzepte für die Bewältigung lebenspraktischer Probleme zu entwickeln. Überhaupt spielt Ästhetik und Kunst in ganz Glonn eine große Rolle, so wird beispielsweise das allgemein gelassene Wohlgefühl in Gut Sonnenhausen durch Jazz- oder Violinkonzerte weiter verstärkt.

»Transparenz ist mir so besonders wichtig, weil wir nach den Fleischskandalen zeigen wollen, dass wir in Herrmannsdorf versuchen, den Tieren bis zuletzt ihre Würde zu lassen und sie gut zu versorgen«, sagt Sophie Schweisfurth. Aber als Metzgereidynastie beschäftige man sich in Herrmannsdorf nicht nur mit den schönen Dingen des Lebens, sondern auch mit dem Schlachten und Töten. Obwohl in Deutschland der Trend hin zu einer gesünderen und wertigeren Ernährung geht, verwenden deutsche Haushalte im Schnitt nur 14 Prozent ihres Einkommens für Lebensmittel, wobei Wurst und Fleisch weiterhin gerne zum Mittag- oder Abendessen konsumiert werden. Während die Deutsche Gesellschaft für Ernährungswissenschaften rät, in der Woche nur 300 bis 600 Gramm Wurst- und Fleischwaren zu essen, laden sich die Deutschen das Doppelte auf den Teller und verspeisen im Jahr durchschnittlich 60 Kilo Fleisch, mehr als die Hälfte davon Schweinefleisch. Meist werden die Schweine unter unwürdigen Bedingungen in großen Mast- und Zuchtbetrieben gehalten, ohne Sonnenlicht, ohne Strom und ohne Beschäftigung, eingekerkert auf kleinstem Raum im eigenen Kot stehend. »Viele setzen beim Essen immer noch falsche Prioritäten«, kritisiert Sophie Schweisfurth. »Statt einmal mehr Geld für Fleisch aus artgerechter Tierhaltung auszugeben, kaufen viele das preisgünstige, wässrige Schweinefleisch, das wenig schmeckt.« Verantwortung kann dabei jeder übernehmen – Lobbyverbände und Politik, Industrie und Verbraucher. »Wenn weniger Fleisch aus industriellen Massenbetrieben gekauft würde, würden sich dort wahrscheinlich auch die Lebensbedingungen für Tiere verbessern«, ist sich Sophie Schweisfurth sicher, die gemeinsam mit ihrem sehr geliebten Großvater ein Buch über die Würde des Tieres geschrieben hat. Das Buch liest sich wie ein Manifest für einen anderen Umgang von Menschen mit Natur und Tier, erzählt, wie Ferkel in Herrmannsdorf schonend mit Narkose kastriert und Schweine ohne unnötigen Stress betäubt durch einen Stich in die Halsschlagader getötet werden. »Die Generation der Millenials legt mehr Wert auf eine vegetarische wie eiweißreiche Ernährung. Ich gehe davon aus, dass sich dadurch langfristig auch das Essverhalten der Deutschen ändert«, sagt Sophie Schweisfurth.

»Ich bin mir mit meinem Großvater und meiner Familie in den Grundwerten und der Tradition einig«

Resümiert sie die vergangenen drei Jahre als Geschäftsführerin, habe es zwar jedes Jahr einen »Wumms« gegeben und kein Tag sei vorhersehbar gewesen, doch der große Rückhalt von Familie und Mitarbeiterschaft habe ihr den herausfordernden Anfang sehr erleichtert. »Ich lege sehr großen Wert auf eine vertrauensvolle Zusammenarbeit mit jedem und jeder Mitarbeiterin«, erzählt Sophie Schweisfurth, die einen kollegialen Führungsstil schätzt und jeden mit seiner speziellen handwerklichen Erfahrung in ihre Entscheidungen einbindet. »Viele Mitarbeiter kennen mich noch als Baby und für einige war der Veränderungsprozess nicht einfach, nachdem sie fast 25 Jahre meinen Onkel als Chef gewohnt waren.« Inzwischen zögen alle an einem Strang, wozu auch das tägliche gemeinsame Frühstücken und Mittagessen im lichten »Wirtshaus zum Schweinsbräu« beitrage.

Und Prinz Charles. Als der Prince of Wales im Mai 2919 bei seinem Deutschlandbesuch als letzte Station den Biobauernhof besucht, wird er von der Geschäftsführerin und ihrem Mann formvollendet begrüßt, schaut sich interessiert die symbiotische Weide, Bienenstöcke und die Biogasanlage an, um nach ausführlichen Gesprächen gemeinsam mit seiner Frau Camilla einen Espresso aus der Kaffeerösterei »Merchant and Friends« zu genießen. »Ich war überrascht, wie sehr wir in unseren Wertevorstellungen übereinstimmen«, sagt Sophie Schweisfurth und fügt hinzu, dass der perfekt verlaufende Besuch des Thronfolger-Ehepaars vielen gezeigt hätte, dass sie als Geschäftsführerin in Herrmannsdorf angekommen sei.

Ihre charmante Art - auf der einen Seite geerdet, auf der anderen Seite weltoffen - mit Lässigkeit wie Disziplin zu spielen, hilft ihr, die großen Fußstapfen auszufüllen und Neuerungen durchzusetzen. »Ich bin mir mit meinem Großvater und meiner Familie in den Grundwerten und der Tradition einig«, sagt die Betriebswirtin, die als erste Nicht-Metzgerin und Frau den Betrieb führt. Im Gegensatz zu der direkt nachfolgenden Generation habe sie mehr Abstand und könne dadurch einfacher alte Zöpfe abschneiden und sich von Dingen trennen. Wie in dem Geschäft am Münchner Viktualienmarkt, eines von acht eigenständigen Lebensmittelgeschäften in der bayerischen Hauptstadt, das nach der umfassenden Renovierung im Juli 2019 mit dem Slogan warb: »Eine neue Perle am Viktualienmarkt«. Oder das Emmerbrot 72, das süßlich-erdig schmeckt, ein einheimisches Urbrot, das 72 Stunden ruht und das unter der Ägide von Sophie Schweisfurth neu in den Hofladen in Glonn, die Ladengeschäfte und Herrmannsdorfer Theken kam. Überhaupt will sie die junge Generation durch ein moderneres Marketing werben.

»Das ökologische Lebensmittelunternehmen erfüllt mein Leben«, sagt die Jungunternehmerin überzeugt. »Neue Dinge probieren wir einfach aus und schauen, ob sie angenommen werden.« Es ist die Mischung aus Traditionsbewahren und Fortschrittlichkeit, der Mut, vertraute Pfade zu verlassen, die dafürsprechen, dass Sophie Schweisfurth und ihr Mann ihre eigenen Fußstapfen hinterlassen werden.

Der Aussteiger: Karl Ludwig Schweisfurth

Mit 55 Jahren steigt der Großvater aus - und geht nicht etwa in Frühpension, sondern in ein selbstbestimmtes, neues Leben. Der passionierte Metzger Karl Ludwig Schweisfurth verkauft eine der größten Fleischfabriken Europas »Herta«. Unbeirrbar setzt er in einer Zeit auf ökologische Landwirtschaft, in der die meisten Deutschen hierfür allenfalls ein müdes Lächeln übrig haben. »Mir war schlagartig klar, dass Fleisch von derart gequälten Tieren keine lebensfördernde Nahrung für uns Menschen sein kann«, sagt der Visionär und Macher später. Der begeisterte Koch setzt sich durch und gründet - gemeinsam mit seiner Familie - die heute höchst erfolgreichen Musterbetriebe Herrmannsdorf, Sonnenhausen und die Schweisfurth-Stiftung. Am 15. Februar 2020 ist er verstorben.

Ein prägendes Vorbild: Großvater Karl Ludwig Schweisfurth

*1991

Isabel Zapf *Gründerin für nährstoffhaltige Müslis*

»JETZT ist immer die beste Stunde«

Die Jungunternehmerin Isabel Zapf gründet in der Corona-Pandemie »Z-Ora«, ein natürliches Superfoodlabel

Erfolgreiche Menschen starten ihren Tag mit einem Morgenritual: Der ehemalige amerikanische Präsident Barack Obama treibt Sport; der Komponist Ludwig van Beethoven bereitete sich seinen Kaffee aus genau sechzig Kaffeebohnen und der verstorbene Apple-Gründer Steve Jobs schaute morgens in den Spiegel, um sich zu fragen, was er am letzten Tag seines Lebens machen würde. In der Regel stehen durchsetzungsfähige Menschen früh auf und legen Wert auf ein gesundes Frühstück. »Für mich bestimmt der Beginn des Morgens oft, wie mein Tag verläuft«, erzählt die deutsche Jungunternehmerin Isabel Zapf, die in Amsterdam während der Corona-Krise das Müsli-Unternehmen »Z-Ora« gründet. »Z« steht für ihren Nachnamen; »Ora« für die richtige Stunde und das Jetzt. Seit Juni 2020 können Kunden im Onlineshop zwischen drei hochwertigen veganen Müsli-Mischungen wählen, die den Körper mit einem hohen Gehalt an essenziellen Mineralstoffen und Vitaminen für den Tag versorgen. Beispielsweise enthält die Mischung »Organic Balance Bowl« 51 Prozent Magnesium, 48 Prozent Vitamin E und 83 Prozent Selen der jeweils empfohlenen Tagesmenge. »Ich habe den Lockdown genutzt, um den Markt intensiv zu analysieren und ganzheitlich nährstoffreiche Rezepturen zu konzipieren«, sagt Isabel Zapf, für die sich mit der eigenen Firma ein Traum verwirklicht. »Kein Müsli-Hersteller garantiert ein Frühstücksprodukt, dass so viele notwendige Nährstoffe enthält und anders als andere Superfoodpulver ohne komplizierte Rezepte in nur einer Minute zubereitet ist.« Ihre Mischungen sind zu hundert Prozent »pur, bio und vegan« und enthalten weder Zucker noch Zusatzstoffe. Hierfür arbeitet sie mit deutschen und niederländischen Biozulieferern zusammen. Damit jedes Müsli die empfohlene Menge Nährstoffe und Vitamine enthält und diese transparent nachgewiesen werden, findet eine chemische Laboranalyse statt. Die stylische wie zurückhaltende Verpackung mit markantem Schriftzug ist zu 100 Prozent biologisch abbaubar und verweist darauf, welchen hohen Stellenwert gutes wie modernes Design in der Familie Zapf besitzt.

Die hohe Qualität fordert ihren Preis: Für eine 450-Gramm-Packung zahlt der Kunde rund 17,50 Euro plus Versandkosten. »Das sind weniger als drei Euro für ein Frühstück, für mehr Gesundheit, Wohlbefinden und Vitalität«, sagt die Jungunternehmerin, die sich auf dem boomenden Müsli-Markt bewähren will. 2007 starteten »die drei Jungs« von »Mymuesli« durch, wo der Kunde sich sein Müsli aus verschiedenen Biozutaten zusammenstellen kann. Einem ähnlichen Konzept folgt der »Cereal Club«, der damit wirbt, anhand einer DNA-Analyse einer eingeschickten Speichelprobe für das passende Müsli zu sorgen.

In ihrem Leben hat sich Isabel Zapf schon oft besonderen Herausforderungen gestellt und gelernt, dass man Ängste überwinden kann, um seine Träume zu verwirklichen

Wie viele ihrer Generation will die Wirtschaftswissenschaftlerin in erster Linie etwas Sinnvolles und Nachhaltiges tun. Das Thema begleitet sie seit ihrer Jugend in Lübeck, wo ihre Mutter darauf achtete, dass ihre Töchter frisches Obst, Nüsse und Müsli frühstücken. Früh ist Isabel Zapf davon überzeugt, dass die richtige Ernährung, maßgeblich zu Kraft, Konzentration und seelischem Gleichgewicht beitragen kann. »Zahlreiche Studien belegen, dass sich mit einer ausgeglichenen, vollwertigen Ernährung präventiv Darmerkrankungen, Gicht, Rheuma, Depressionen und Alzheimer vorbeugen lassen«, sagt Isabel Zapf, die sich intensiv in Fachartikel, Bücher und Websites vertiefte, um zu verstehen, wie richtige Ernährung, Körper und Psyche zusammenspielen. Außerdem führte sie vor der Firmengründung zahlreiche Gespräche mit innovativen Ernährungsmedizinern, »Digital Doctors«, Physiotherapeuten und Fitnesstrainern.

In ihrem Leben hat sich Isabel Zapf schon oft besonderen Herausforderungen gestellt und gelernt, dass man Ängste überwinden kann, um seine Träume zu verwirklichen und ein rundum erfülltes Leben zu führen. Hier bot das bunte Familienleben ein wichtiges Fundament, das auf Vertrauen, Empathie und Herzlichkeit gründete. Geprägt hat sie der frühe Tod ihres Vaters 2012. Der Anästhesist Christian Zapf arbeitete für einen Medizinhersteller und erkrankte an amyotropher Lateralsklerose (ALS). Die nicht heilbare, degenerative Erkrankung des motorischen Nervensystems – an der auch der Physiker Stephen Hawkings litt – führt zu Muskelschwund und Lähmung der Atemwege. Die rapide fortschreitende Krankheit des Vaters stellte das Familieneben in nur wenigen Wochen auf den Kopf. Besonders beeindruckte Isabel Zapf, mit welcher Haltung der Vater seinem Schicksal begegnete. Die Krankheit schweißte sie mit ihrer Mutter und den Schwestern Friederike und Susanna zusammen, die nicht nur im Familienchat ihr Leben zwischen Lübeck und Amsterdam, Heidelberg und Wien teilen. »Nach dem Tod meines Vaters brauchte ich Sicherheit«, erinnert sich Isabel Zapf, die 1991 in Herrenberg geboren wird und nach einem Stopp in Aachen ihre Kindheit in Lübeck verbringt, wo sie ein international ausgerichtetes Gymnasium besucht. Nach dem Abitur folgt sie sowohl dem Ruf des Südens als auch des Unbekannten. Weil ihre Noten in Mathematik exzellent sind, beschließt sie, in München einen Bachelor in Business Administration and Management zu machen. Damit habe sie sich sehr weit von ihren Talenten weg bewegt – »wollte es sich aber beweisen«. Diesem Motto bleibt sie bei der Wahl ihres Masterstudiums treu. Wieder geht es ihr um harten Wettbewerb, darum, sich als junge Frau im Studiengang Finance an der Elite-Hochschule Luigi Bocconi in Mailand zu bewähren. Der Frauenanteil in diesem auf

Englisch unterrichteten Fach liegt bei 22 Prozent. Isabel Zapf beißt sich durch, gibt nicht auf, vertieft sich stattdessen in Statistik und Theorie und macht erfolgreich den Master. »Meine Zeit in Mailand habe ich sehr genossen, auch wenn der Druck an der Bocconi enorm war«, erinnert sie sich. Hohe Erwartungen stellt sie vor allem an sich selbst, stammt sie doch mütterlicherseits aus einer Dynastie bekannter Juristen, väterlicherseits aus einer berühmten Schriftsetzerfamilie.

Schon in der lombardischen Stadt setzt sie den täglichen Anforderungen Yoga und eine gesunde Ernährung entgegen und genießt das »dolce far niente« mit Duomo, eleganten Modegeschäften, dem »Aperitivo«, einem internationalen Freundeskreis mit Dinnerpartys – und das Meer. Die Nähe zum Meer, das Eintauchen ins Wasser und das Sonnenbaden am Strand erinnert sie an ihre Kindheit in der Lübecker Bucht, an den lässigen Ort Scharbeutz, den Timmendorfer Strand und das »Atlantic Grand Hotel« in Travemünde an der Strandpromenade. In der Bar ließ die Familie Zapf ihren Strandtag bei einem Glas kühlen Wein ausklingen – die Hunde mussten draußen bleiben. Auch in Italien verbrachte die Familie ihre Urlaube in dem alten Badeort Forte dei Marmi an der ligurischen Küste, wo sich schon der Schriftsteller Thomas Mann und der Verleger Gottfried Bermann Fischer erholten.

Viele ihrer Mailänder Freunde arbeiten heute an internationalen Finanzmärkten als Analystinnen, in der Unternehmensberatung oder als Finanzmanager. »Ich habe bald erkannt, dass dies nichts für mich ist, und konnte mir nicht

Ein nährstoffreiches Frühstück als Basis für den Tag

vorstellen, wie man mit diesem Lebensstil eine Familie gründen oder persönliche Interessen und Projekte je verfolgen könnte«, erzählt Isabel Zapf. Dennoch gibt sie dem Thema »Finance« nach dem Abschluss an der Bocconi noch eine Chance und geht für drei Monate nach Singapur, um ein Praktikum im Bereich »Private Equity« zu machen. Ihr bester Freund, ein Amsterdamer, macht ihr die Niederlande schmackhaft, wo sie ein Angebot bei dem Elektroautohersteller Tesla annimmt und im Bereich Energie für Afrika, den Mittleren Osten und Europas Großprojekte koordiniert. »Ich habe in dem internationalen Team sehr viel gelernt«, sagt sie. Auf Tesla folgt die Modefirma PVH mit ihren Marken Tommy Hilfiger und Calvin Klein. Dort arbeitet sie im Team Strategie und Business Development direkt für den Vorstand.

»Gerade Corona hat doch unser Bewusstsein geschärft, wie wichtig eine gesunde Ernährung für unser Immunsystem ist«

Trotz Karriere lässt sich die Frage, was im Leben eigentlich zählt, nicht länger unterdrücken. Wie endlich das Leben sein kann, weiß sie seit dem Tod ihres Vaters. Im Herbst 2019 beschließt sie, ihrem Herzen zu folgen und sich mit einem Online-Müsli-Handel selbstständig zu machen, der hauptsächlich für den deutschen Markt bestimmt ist. Unterstützt wird sie dabei maßgeblich von ihrem Freund Boudewijn, der sie täglich inspiriert, ihren Weg zu gehen und ihre Energie in eine eigene Firma zu stecken und international zu denken. Das Paar hatte sich in Amsterdam kennengelernt, wo ihr Partner ein Technologieunternehmen besitzt, das Software für Gemeinden und Stiftungen herstellt. Durch ihn kommt Isabel Zapf mit interessanten Start-up-Gründern, Unternehmerinnen, Politikern und sozialengagierten Menschen zusammen und gewinnt einen neuen Blick auf die Stadt. »Amsterdam ist extrem jung und international. Es gibt zahlreiche Start-ups und Techfirmen, die hier ihr Headquarter haben wie Booking.com, Netflix oder Tesla«, berichtet Isabel Zapf, die inzwischen Niederländisch lernt, sich aber hauptsächlich auf Englisch unterhält. »Gerade Corona hat doch unser Bewusstsein geschärft, wie wichtig eine gesunde Ernährung für unser Immunsystem ist«, erzählt die Jungunternehmerin. Das Sich-selbstständig-machen in der Krise ist eine weitere, echte »Challenge« ihres Lebens. Im Lockdown verzögern sich Prozesse, der Launch der Marke kommt später als ursprünglich geplant. Gleichzeitig hantiert Isabel Zapf mit einem begrenzten Budget und realisiert, dass sie sich für ihren Geschäftsdurchbruch mehr Zeit lassen muss. »Als Unternehmerin hat jede meiner Entscheidungen direkte Auswirkungen, und ich bin nicht auf jedem Gebiet eine Spezialistin. Ich erlebe viel Hilfe, Zuspruch und Austausch, dennoch fühle ich mich manchmal sehr unter Druck und alleine«, sagt Isabel Zapf, die für ihr Superfood-Label brennt. Ihr Produkt bewirbt sie sehr aktiv in den sozialen Netzwerken und knüpft faszinierende neue Kontakte. Im kommenden Jahr möchte sie den deutschen Markt erobern und mit ausgewählten Fitnessklubs, Retreats und Hotels zusammenarbeiten.

Ein Stück weit ist die Firmengründung eine Rebellion. Ihre Eltern sind eher sicherheitsbetont und wollten als Mediziner und Juristin ihre Familie gut versorgt wissen. Ihr Großvater Jürgen von Gerlach machte als Richter am Bundesgerichtshof eine exzellente Karriere. »Man bereut später besonders das, was man nicht getan hat«, ist sich Isabel Zapf aber sicher. Wie viel Eigensinn und Durchhaltevermögen es brauchen kann, mit einer Firma erfolgreich zu sein, weiß sie von ihrem Großvater väterlicherseits, dem weltbekannten Typo- und Kalligrafen Hermann

Zapf. Bis ins hohe Alter aktiv, erfand er über 200 Schriften, darunter die »Palatino« und »Optima«, entwarf für Verlagshäuser wie Suhrkamp, Insel und Hanser Buchcover und gestaltete die Präambel der UNO in vier Sprachen für die Pierpont Morgan Library in New York. Gemeinsam mit zwei Kollegen gründet er 1977 die Firma »Design Processing International Inc« in den USA, um typografisch-gestaltete Computerschriften für alle zu etablieren. Für seine fortschrittlichen Ideen wird er zunächst in Deutschland belächelt und als »verrückt« bezeichnet und pendelt zwischen der Technischen Universität Darmstadt und dem Rochester Institute of Technology hin und her, an beiden Instituten unterrichtet er computergestützte Typografie.

Doch nicht nur die Männer bestechen in den Familien Zapf und von Gerlach durch Leistung, Talent und einen besonderen Charme. Bestimmend sind für Isabel Zapf auch die weiblichen Vorbilder, die es geschafft haben, Familie und einen anspruchsvollen Beruf zu vereinen. Ihre Mutter arbeitet als Abteilungsleiterin Umwelt bei der Hansestadt Lübeck und hat sich lange als Vorsitzende in der »GEDOK« für Künstlerinnen engagiert. Und schon die Großmütter sind ihrer Zeit voraus: Gudrun Zapf-von Hesse war eine international renommierte Schriftsetzerin und Buchbinderin, die die Schrift »Diotima« erfand. Die Juristin Ingeborg von Gerlach betätigte sich jahrzehntelang als Nachlassverwalterin. »Für meine Generation ist es nicht einfach, alles unter einen Hut zu bekommen«, meint Isabel Zapf, schließlich wollten junge Frauen einerseits im Beruf erfolgreich sein, Karriere machen, andererseits Familie haben und ihren eigenen Interessen nachgehen können. Letztlich steht für Isabel Zapf aber vor allem der Drang nach Freiheit und Selbstverwirklichung im Mittelpunkt. Was sie und ihren Freund antreibt, ist die Welt ein Stück weit besser machen zu wollen und der Mut, etwas zu bewegen, negative Denkblockaden durch innere Stärke, Selbstvertrauen und Gelassenheit zu ersetzen.

Die schöne Weisheit einer Diotima

Wer besitzt schon eine Großmutter, die die von ihr erfundene, höchst erfolgreiche Schrift »Diotima« nach der einzigen Philosophin in Platons Dialog benennt. Die jüngst mit über hundert Jahren verstorbene Gudrun Zapf-von Hesse (1918-2019) weiß früh, was sie will. Sie lernt das Buchbinden in Weimar, bringt sich selbst das Schriftschreiben bei, unterrichtet bis 1954 das Fach Schrift an der Frankfurter Städelschule und betreibt nebenbei eine eigene Buchbinderwerkstatt, wo sie für weltweit renommierte Firmen Schriften entwirft. Ihre internationale Karriere wird unterbrochen, als sie 1955 den Typografen Hermann Zapf heiratet, mit dem sie eine kongeniale Ehe führt. Seit 2008 gibt es die »Diotima« digital. Noch heute schmückt sie die grünen Bleistifte von Faber-Castell. Besonders in den USA genießt sie als eine der ersten erfolgreichen deutschen Typografinnen uneingeschränktes Renommee. Dort wird ihr Werk für seine zeitlose Schönheit wie Modernität gerühmt.

Viktoria Frister *Gründerin des Blumenhandels »Fleurs de Paris«

*1988

Die Königin der haltbaren Rosen
Die Jungunternehmerin Viktoria Frister erzielt mit stylischen Blumenboxen Millionenumsätze

Im Westen gilt die Rose als Königin der Blumen, Symbol der Liebe, der Anmut und Schönheit. Kein Wunder also, dass Viktoria Frister die Rose in den Mittelpunkt ihrer Geschäftsidee stellt und der Blume der Liebe eine längere Haltbarkeit und Strahlkraft verleiht. Die Berlinerin gründet die Marke »Fleurs de Paris« 2016. Innerhalb kürzester Zeit boomt der Markt mit den konservierten Rosen in hochwertigen Schachteln. »Die Nachfrage nach den Rosenboxen hat uns zu Beginn vollkommen überrollt. Am Muttertag nach der Eröffnung bildete sich eine zwanzig Meter lange Schlange«, erzählt die Jungunternehmerin. Nach wie vor boome das Geschäft vor allem am Valentins- und Muttertag sowie an Weihnachten. Ursprünglich habe sie nur einen Store eröffnen wollen, um im Laden zu stehen und mit Kundinnen und Kunden zu plaudern. Tatsächlich bietet sie zunächst in der eleganten Berliner Bleibtreustraße rechts frische Blumen und links konservierte Rosen an. Bald merkt sie, dass sich die Blumenboxen am besten verkaufen. Der klassische Blumenhandel schwächelt. »Kundinnen und Kunden haben immer weniger Zeit, jede Woche frische Blumen im Geschäft oder auf dem Markt zu erwerben«, stellt Viktoria Frister fest, die es stets schade fand, Blumensträuße schon nach einer Woche wegwerfen zu müssen. Auch sie habe kein Händchen für Schnittblumen gehabt. »Ich wollte deshalb Blumen so konservieren können, dass sie knackig, echt und so frisch wie möglich aussehen«, berichtet die studierte Wirtschaftswissenschaftlerin über ihre Experimente, Rosen haltbar zu machen. »Seit Tausenden von Jahren versuchen Floristen, dass Blumen nicht so schnell verwelken«, erzählt die Mutter einer kleinen Tochter. In den vergangenen zehn Jahren boome insbesondere die Gefriertechnik. Auf ihre Technik sei sie durch »Konservierungsweltmeisterschaften« in Japan und Südkorea gestoßen, wo Floristen darum kämpfen, Blumen länger haltbar zu machen.

Sie entzieht Rosen Wasser und setzt eine Flüssigkeit auf Glyzerinbasis zu, die für die Seifenherstellung verwendet wird. »Dadurch bleiben die Blumen elastisch wie elegante frische Rosen.« Um weltweit die besten Rosen für ihr Geschäft zu verwenden, reist sie nach Ecuador und Kolumbien, wo Farmen Rosen in höchster Qualität anbieten und Rosen ganzjährig am wunderbarsten blühen. Gemeinsam mit erst einer, später mehreren Rosenfarmen habe sie die Handwerkskunst weiterentwickelt. Rosen müssen dann konserviert werden, wenn sie in schönster Blüte stehen. »Wir haben im nach dem Trial-and-Error-Prinzip sehr viel ausprobiert. Erst sahen die Blumen nicht so schön aus«, so Viktoria Frister. Inzwischen ist »Fleurs de Paris« nicht nur in Deutschland, sondern europaweit Marktführerin. »Ich liebe Innendekoration«, erzählt Viktoria Frister, die deshalb ein besonderes Auge auf die Verpackung der Rosen legt. »Fleurs de Paris« will das Leben verfeinern, Luxus und Eleganz feiern. Wer einen der Stores betritt, wähnt sich zunächst in einer Parfümerie, einer Confiserie oder einem hochwertigen Dessousgeschäft: Wände mit schwarz-weißer Tapete, überall sorgfältig drapierte Hutschachteln, die entfernt an Boxen für Macarons oder Luxusparfüms erinnern. Die Freude am Leben dokumentiert jede Blumenbox. »Ich habe mich in die Leichtigkeit von Paris verliebt«, so Viktoria Frister, die ein Jahr in der französischen Hauptstadt Wirtschaft studiert hat und deshalb die Marke »Fleurs de Paris« nennt.

Auf Instagram zeichnet sie das aufregende Leben einer Jungunternehmerin wie eine Zackenbewegung mit Aufs und Abs nach. »Das war schon alles sehr aufregend«, berichtet sie. »Keine Woche war gleich.« Eine Woche vor Geschäftsöffnung werden die ersten Rosen geliefert, kurz vorher das »liebevolle packaging«. »Meine Familie war anfangs sehr skeptisch, ob der Laden laufen würde«, erzählt Viktoria Frister, insbesondere die Mutter. Die Familie hatte nach dem Tod des Vaters Insolvenz anmelden müssen, da das Immobiliengeschäft nicht mehr lief, weshalb die Mutter vor der Selbstständigkeit ihrer Tochter zunächst Angst hatte. Doch das großväterliche Gen setzt sich durch: Schließlich hatte der Großvater in den USA Lichttechnik studiert und in Berlin die Gropius-Passagen illuminiert. Die Stiefgroßmutter sorgt mit einer Erbschaft für das notwendige Startkapital. »Mein Mann und ich haben nach den ersten Erfolgen gemeint, dass sich mein Großvater, der um die Ecke der Bleibtreustraße wohnte, wahrscheinlich richtig gefreut hätte.«

»Das erste Jahr war phänomenal« – und der Erfolg geht weiter

Davon ist auszugehen. Denn nach nur drei Jahren fährt das Geschäft siebenstellige Gewinne ein. Innerhalb eines Jahres eröffnet das Ehepaar Frister nach Berlin Läden in Düsseldorf, München und Hamburg, jeweils in bester Lage. Später auch in Wien, Paris und London. Hinzu kommen Partnerschaften mit dem KaDeWe, dem Hamburger Alsterhaus und dem Münchner Oberpollinger, die die Rosenschachteln vertreiben. »Das erste Jahr war phänomenal«, schwärmt Viktoria Frister, die als Einzelkind im Südwesten von Berlin aufwuchs. »Es war eine gute Idee, dass wir mit unseren hochwertigen Rosen erst einmal ganz normal in einem Ladengeschäft angefangen haben. So konnten wir den Kunden erklären, warum unsere Rosen zwar aussehen wie Schnittblumen, aber durch die zweiwöchige Herstellung in Handarbeit rund zweieinhalb Mal so viel kosten«, erzählt Viktoria Frister. Insbesondere das Kundenfeedback habe sehr geholfen, an der Qualität der »perfekten Rose« zu arbeiten.

Parallel zum Einzelhandelsgeschäft baut ihr Ehemann Christian Frister das Onlinegeschäft aus. Rosen lassen sich hier in verschiedenen Boxen, verschiedenen Farben und Größen erwerben. Vor allem das ebenfalls boomende internationale Geschäft läuft online. »Wir verkaufen besonders gut im anglo-amerikanischen Raum und in Frankreich«, sagt Viktoria Frister. Ganz wichtig hierbei ein guter Instagram- und Facebook-Auftritt, der die Kundinnen und Kunden langfristig bindet – auch jüngere Zielgruppen. »Unsere Kunden reichen von 18 Jahren bis 80 Jahre«, berichtet Frister, die hinzufügt, dass »Fleurs de Paris« inzwischen eine digitale Marke geworden sei. Vor allem Frauen lieben das Produkt, das inzwischen auch als Dekoration Läden von Cartier, Wempe oder Louis Vuitton sowie Luxushotels und Praxen schmückt. Eine hochwertige Kerzenkollektion, hergestellt im französischen Grasse, ergänzt das Sortiment. Besonders geehrt fühlt sich die Gründerin durch eine Kooperation mit der exklusiven Frauenzeitschrift Vogue: So kann die Kundin in einem Geschenkset eine Rosenschachtel, ein Abonnement der Vogue und eine Kerze von »Fleurs de Paris« kaufen.

Die Corona-Pandemie habe dem Onlinehandel einen noch nachdrücklicheren Push gegeben. »Für uns war die Krise extrem hilfreich«, erzählt Viktoria Frister. Am Anfang sei es eine große Herausforderung gewesen, alle Läden in bester Einkaufslage zu schließen. Durch die Fokussierung auf den Onlinehandel habe das Familienunternehmen aber in kurzer Zeit seine Umsätze verdoppelt. Mitunter nähmen Flugzeuge lieber frische Blumen mit, dadurch seien an der einen oder anderen Stelle die Lieferketten unterbrochen. »In der Regel haben unsere Kunden aber alle dafür Verständnis, wenn sich die Lieferung um wenige Tage verzögert«, resümiert Viktoria Frister ihre Erfahrung und fügt fast erstaunt hinzu, welche Potenziale aus Krisen doch zu schöpfen seien.

Es verwundert nicht, dass Viktoria Frister es bei so viel Erfolg in das Forbes-Ranking »30 under 30 Europe« für Gründer unter dreißig Jahren schafft und 2018 in Berlin als Familienunternehmerin des Jahres ausgezeichnet wird. »Das hat mich sehr stolz gemacht«, erzählt sie, schließlich haben ihr Mann und sie die Marke gemeinsam aufgebaut und hätten am Anfang auch zusammen für das Business gehaftet. Durch ihr internationales Geschäft spricht sie fließend Englisch und schmückt ihre Unterhaltung gerne mit englischen Begriffen. In ihrem Unternehmen, mit rund dreißig Mitarbeiterinnen und Mitarbeitern, sei ihr die Vereinbarkeit von Familie und Beruf

Elegante Verpackung, aufwendige Herstellung und zeitlos schön

besonders wichtig. »Hier laufen schon mal ein paar Hunde durchs Geschäft«, sagt sie lächelnd und berichtet, dass sie selbstverständlich Homeoffice und flexible Arbeitszeiten unterstützt. Schließlich hat sie in ihrem Berufsleben unter der Unflexibilität verschiedener Start-ups gelitten. »Als ich Personalchefin war, musste ich jeden Tag mindestens zehn Stunden am Stück arbeiten«, das habe sie gehasst. Auch ihr Mann Christian hat deshalb schließlich seinen Job als Personalberater aufgegeben und ist inzwischen einer der drei Geschäftsführer von »Fleurs de Paris«, verantwortlich für IT, Marketing und Finanzen. »Wir stoßen beide gerne sofort mit dem Kopf gegen die Wand«, deshalb sorge ein dritter Geschäftsführer für den Realismusfaktor. Gefragt, was als nächstes anstehe, antwortet Viktoria Frister wie aus der Pistole geschossen: »Die Expansion in wichtige Städte Europas, wie Mailand, Madrid und Stockholm und der Ausbau eines Franchising-Systems.«

Bei all dem Trubel und Chaos braucht die Berlinerin Ruhe, um zu verschnaufen. »Das Privatleben ist mir heilig«, so Frister, die mit ihrem Mann und ihrer Tochter jeden Abend um 19 Uhr gemeinsam zuhause isst. Am Wochenende widmet sie sich auch der Familie, kocht, joggt, macht Yoga oder spaziert mit den zwei Hunden durch den Wald. Das Reisen hat sie schon vor der Corona-Pandemie eingeschränkt. »Zwei internationale Reisen im Jahr genügen mir«, erzählt sie und steht auf, um einen Amerikaner im Laden zu bedienen, der fünfzig rote Rosen der Infinity-Serie in einer weißen Hutschachtel kaufen möchte.

Die Königin der Blumen

China verfiel schon 2.700 Jahre vor Christus der duftenden Königin der Blumen, die in Ziergärten gezüchtet wurde. Im Altertum gelten Rosen als Inbegriff des Luxus und als Symbol für Liebe und Leidenschaft. So soll die ägyptische Königin Kleopatra ihren Geliebten in einem Rosenblättermeer empfangen haben. Jahrhunderte später blühen Rosen als Heilpflanzen in Klostergärten und werden christlich überhöht: Die weiße Rose symbolisiert die Reinheit der Muttergottes, die rote soll aus einem Blutstropfen Christi entsprungen sein. Gotische Kathedralen schmücken sich mit Rosetten. Die Rose prangt auf Wappen, Münzen und Fahnen, im Rosenkrieg im 14. Jahrhundert auf den Bannern der Tudors und Lancasters, die sich erbittert bekriegen. Die Seefahrernationen England und Holland importieren die Blume aus dem Nahen Osten und kreuzen Wildrosen mit chinesischen und persischen Rosen zu immer neuen Varianten. Der Renaissance-Herrscher züchtet Rosen aus Zeitvertreib. Die Ex-Frau des Franzosenkaisers Napoleon I., Joséphine, verwandelt ihren Liebeskummer in ein Rosenmeer im Schlossgarten Malmaison. Heute existieren über 30.000 Züchtungen. Längst ist die Rosensprache eine Sprache der Liebenden: Rosafarbene Rosen symbolisieren Verliebtheit; rote stehen für Leidenschaft; gelbe für Beziehungskrisen. Wer eine Asiatin gewinnen will, sollte ihr blaue Rosen schenken, das Symbol erfüllter Liebe. Im Westen indes offenbart der Schenkende blauer Rosen hingegen seine Trauer: die Unerreichbarkeit seiner Liebe.

»Wir haben nach dem Trial-and-Error-Prinzip sehr viel ausprobiert«

VIKTORIA FRISTER
Gründerin

Eine Welt für sich

Als Gastgeberin GENUSS-ORTE *schaffen*

Wo aus
Stammkunden
Freunde werden

1872–1956

Anna Demel *Inhaberin des Traditionscafés Demel*

Die Herrin des Zuckerbäcker-Beichtstuhls
Anna Demel führt das weltberühmte Kaffeehaus in die Zukunft

Die Anna-Torte schmeckt deliziös: Die Schokoladentorte aus Biskuitböden wird gefüllt mit Pariser Schokoladencreme, darüber eine wellenförmige Nougatglasur, die der Torte ihr verwegenes Aussehen gibt. Die Torte ist der resoluten Besitzerin des Wiener Kaffeehauses Demel gewidmet. Als Anna Demel 1917 das Café übernimmt, ist der Demel schon lange eine Institution: Das Kaffeehaus liefert Torten für Kaiser Franz Joseph in die Hofburg, während seine Frau, Kaiserin Sisi, trotz Wespentaille auf das Veilchensorbet schwört. Am Kohlmarkt schwelgt die feine Gesellschaft im Genuss. Die Geliebte des Kaisers, die Schauspielerin Katharina Schratt, hält hier ebenso Hof wie Pauline von Metternich, die im gleichnamigen Palais zu ihren berühmten Salons einlädt. Im Demel – so der österreichische Schriftsteller Friedrich Torberg – verkehrten »zum größten Teil Aristokraten. Und wenn sie es nicht von Haus aus sind, dann sind sie es vom Demel aus«.

Das Haus verdankt sein Renommee der ausgefeilten Zuckerbäckerkunst. Als besondere Delikatesse gilt das Gefrorene, insbesondere das Punschkrapferl-Eis. Doch auch der frischgezogene Apfelstrudel, der mit Rosinen gespickte Gugelhupf und die Sachertorte erfreuen sich bei der Hautevolee großer Beliebtheit. Auf dem ausladenden Kuchenbuffet wählt das Publikum zwischen Torten, deren Originalrezepturen ein gut gehütetes Geheimnis sind: der Dobostorte mit Karamelldeckel, dem Apfelkuchen oder der Demeltorte mit Walnuss-Schokoladenmasse. Diesen Leckereien kann die feine Gesellschaft nicht widerstehen: An den Marmortischen des Demel finden sich geheime Liebespaare zum Rendezvous mit »Verkehrtem«; Freunde besprechen Bankgeschäfte beim »Kurzen«, während eine Dame mit Hut sich daran erfreut, endlich alleine eine Tasse Schokolade zu genießen.

Die pompöse Rokoko-Ausstattung mit den Kronleuchtern, der weißen Vertäfelung, den wie zufällig hingestellten Auslagen für Torten, in Mahagoni gestaltet, als Kontrast die schweren Kassettendecken, alles gebrochen in den zahlreichen Spiegeln – sie geben dem Demel seinen besonderen Flair. Für die kostbare Ausstattung griff die Familie tief in die Tasche und beauftragte

Der Rechtsstreit um die Sachertorte

Wer heute im Demel eine Sachertorte mit Schlagobers bestellt, bekommt eine »Eduard-Sacher-Torte«, die in der Mitte mit Marmelade bestrichen ist und für deren Produktion Margarine verwendet wird – einfacher »Demels Sachertorte« genannt. Die Original-Sacher-Torte ist dem Hotel Sacher vorbehalten. Ursprünglich räumte dabei der Sohn der berühmten Anna Sacher dem Demel – wo er nach dem Konkurs des Hotels arbeitete – das Alleinverkaufsrecht an der Eduard-Sacher-Torte ein. Um die beliebte Torte wurde heftig gestritten. Bis 1954 verkaufte der Demel unter Anna Demels Regime die Original-Sacher-Torte, bis sich Demel und Sacher außergerichtlich einigten und das Original bei Sacher verblieb.

die vornehmste Innenausstattungsfirma des Kaiserreichs Portois + Fix, die teure Hotels wie das Sacher oder Cafés wie das Kaffeehaus Gerstner ausstatteten und für den Kaiser arbeiteten. So schuf die Firma beispielsweise das Jagdschloss Mayerling, wo sich der Kronprinz Rudolf mit seiner Geliebten erschoss.

»Wünschen zu speisen« – Der Ton macht die Musik

Seltsam aus der Zeit gefallen wirken in der Atmosphäre des Kaffeehauses die Demelinerinnen, wie die Bedienungen genannt werden. Mit ihrer schwarzen Uniform mit weißer Schürze erinnern sie an Nonnen, was durch ihre speziellen Ausdrucksformen unterstrichen wird. »Haben schon gewählt?«, fragt die Demelinerin den Gast, der zwischen zwei Torten eine Entscheidung treffen muss. Fast könnte der Besucher meinen, hier gelte es zwischen Luxus und Überfluss einen Kontrastpunkt zu setzen. Einen Ober gibt es im Demel auf jeden Fall nicht. Das Kaffeehaus bleibt fest in Frauenhand.

So bildet Anna Demel keine Ausnahmeerscheinung, sondern steht für eine Reihe außergewöhnlicher Frauen, die den Demel prägen. Schon ihre Schwiegermutter Maria übernahm 1891 für zwanzig Jahre das Café, wofür sie als Tochter eines bekannten Kaffeehausbesitzers ausreichend Erfahrung besaß. Ihr Sohn Christoph setzte sich nach Eheschwierigkeiten mit seiner neuen Frau nach Paris ab und überließ seiner Exfrau Anna Demel das Feld. Nach der Scheidung führt sie das Traditionsgeschäft mit ihren beiden Schwestern weiter. Von morgens früh bis abends spät sitzt die resolute Wienerin an der Kasse und überwacht, welcher ihrer Gäste den Braunen und den Strudel nicht mehr zahlen kann, weshalb die Kasse im Demeldeutsch »Beichtstuhl« genannt wird.

Die Offizierstochter Anna Demel muss ein Mensch zwischen Moderne und Tradition gewesen sein, die den Zeitläuften trotzt, dennoch an ihren Werten festhält und den dynamischen Wandel nicht scheut. Als sie 1872 geboren wird, herrscht noch Kaiser Franz Joseph über die marode Donaumonarchie, als sie das Kaffeehaus übernimmt, tobt der Erste Weltkrieg, in dessen Folge Österreich-Ungarn zu einem kleinen Staat schrumpft, als sie 1956 stirbt, wird in Ungarn der Volksaufstand blutig niedergeschlagen.

Im Demel hält Anna Demel während ihrer langen Tätigkeit als Geschäftsführerin die Uhren an, lässt die Zeit stillstehen und vermittelt ihrer Stammkundschaft, die nach Krieg und Weltwirtschaftskrise nur noch wenig Geld für Strudel und Petit Fours ausgeben kann, Geborgenheit in gediegener Atmosphäre. Sie besteht trotz Strafandrohung darauf, Kuchenschachteln weiterhin mit »k.u.k. Hofzuckerbäckerei« zu bedrucken – auch, wenn der Rumpfstaat Österreich das Kaisertum abgeschafft hat. Die Demelinerinnen weist die eigensinnige Wienerin an, Gäste weiterhin im distanzierten Ton: »Wünschen zu speisen« anzusprechen. Auch bleibt ein Baron im Demel ein Baron. Eine Fürstin eine Fürstin. Wenn ein Skandal in Adelskreisen ruchbar wird, empört sich das Publikum: »Ja, was denkt sich da die Kaiserin.«

Andererseits besitzt Anna Demel genügend Geschäftssinn, um bei der harten Konkurrenz der Kaffeesieder zu wissen, dass es gewisser Extras bedarf. Demel bietet deshalb die bekannte »Original Sacher-Torte« an. Außerdem verwendet das Café in der Weihnachtszeit originelle Lebkuchenfiguren aus der Sammlung des Grafen Wilczek, die das Café berühmt machen. Auch bei der Bonbon- und Kuchenschachtel geht die Geschäftsfrau mit der Zeit. In Wien gründen fortschrittliche Künstler 1903 den Österreichischen Werkbund, der Alltagsgegenstände handlich, elegant und handwerklich hochwertig gestaltet. Die Wiener Werkstätten werden von der englischen Arts-&-Crafts-Bewegung beeinflusst.

Anna Demel lässt zunächst Kuchenschachteln und Verpackungspapier im neuen Dekor gestalten. Als ihr hierfür der austro-italienische Künstler und verarmte Adlige Baron Federico Berzeviczy-Pallavicini empfohlen wird, kommt es zu einer fruchtbaren Zusammenarbeit: »Der letzte Romantiker« – wie sein Lehrer ihn nennt – gestaltet nicht nur das Design der diversen Verpackungen mit Werkstattmotiven, vor allem

Köstliche Torten nach ausgefallenen Rezepten

verwandelt er die Schaufensterauslage in eine Theaterbühne, regt das Publikum zum Staunen an – und zum Verlängertentrinken im Demel. Seine häufig wechselnden Schaufensterinszenierungen, die sich sowohl der Politik als auch den Jahreszeiten anpassen, prägen die Marke Demel entscheidend mit. Schließlich heiratet Pallavicini die Adoptivtochter Anna Demels, Klara, mit der er das Lebenswerk der Tante fortsetzt.

Auch während des Nationalsozialismus und nach der Annexion Österreichs verfolgt die resolute Anna Demel die Politik des »Sowohl-als-auch«: Einerseits stellte der Gauleiter und Reichsstatthalter Baldur von Schirach das Café Demel unter seinen persönlichen Schutz, andererseits sollen die Servierkräfte Verfolgten Essen zugesteckt haben. Auf jeden Fall überlebt das Café diesen Krieg. Schließlich erhält Anna Demel für ihre Verdienste als erste Frau Österreichs 1952 den Titel Kommerzialrat. Vier Jahre später stirbt sie in Wien und wird im imposanten Familiengrab der Demels beigesetzt.

Das Wiener Kaffeehaus

Entgegen der Legende gründet nicht der türkische Kurier Georg Franz Kolschitzky das erste Kaffeehaus, sondern der Kaufmann Johannes Theodat. Der Kaiser gewährt dem Armenier 1685 das Privileg des öffentlichen Kaffeeausschanks. Der Name des Aufputschgetränks stammt aus dem Arabischen und steht für die äthiopische Provinz Kaffa, wo der Coffea arabica wuchs. In der türkischen Welt erfreut sich der Kaffee bald wachsender Beliebtheit. Der Sultan lässt für seine Gäste Kaffee servieren. In Istanbul öffnet 1554 das erste Kaffeehaus. In Wien wird der Kaffee mit Milch und Zucker serviert. Mokka, Melange und Brauner treffen den Nerv von Adel und Bürgertum. 1819 existieren 150 Kaffeesieder, 1900 rund 600. Die Jahrhundertwende gehört dem Kaffeehaus, das zum verlängerten Wohnzimmer avanciert. Hier blättert der Besucher in Zeitschriften, tanzt zum Walzer von Johann Strauß, verliert Schachpartien und gewinnt im Billard. Stammgäste lassen sich Post ins Kaffeehaus senden und vor Ort anrufen. Ab 1840 dürfen kritisch beäugte Frauen in das Kaffeehaus, ab 1870 naschen Familien dort Torten. Einige Kaffeesiedereien wandeln sich zu Konditoreien und Espressobars. Künstler, Wissenschaftler und Politiker treffen sich zu Plausch und Diskussion, wie der Psychoanalytiker Sigmund Freud, der Maler Oskar Kokoschka oder der Schriftsteller Karl Kraus. In den fünfziger Jahren beginnt das Kaffeehaussterben, machen ihnen doch Espressobars und ein veränderter Zeitgeist Konkurrenz.
Heute haben sich viele Cafés dem Zeitgeschmack angepasst, werden von Touristen besucht und servieren Latte macchiato und Espresso. Die Wiener Kaffeehauskultur ist seit 2011 Teil des immateriellen Kulturerbes Österreichs. Den Charakter des ursprünglichen Kaffeehauses fasst der Dichter Alfred Polgar zusammen: »Im Kaffeehaus sitzen die Leute, die allein sein wollen, aber dazu Gesellschaft brauchen.«

»Im Demel verkehren zum größten Teil Aristokraten. Und wenn sie es nicht von Haus aus sind, dann sind sie es vom Demel aus«

FRIEDRICH TORBERG
Schriftsteller

Alles Liebe.
Nigel Slater

*1967

Petra Hartlieb *Inhaberin der Hartlieb-schen Buchhandlung*

»Meine wunderbare Buchhandlung«

Bei der Autorin und Buchhändlerin Petra Hartlieb dreht sich alles um Bücher

Das Leuchten ihrer Augen zeigt, wie sehr Petra Hartlieb ihr syrisches Patenkind liebt. Einmal in der Woche gehen beide entweder schwimmen oder die Vierjährige versucht, ihrer »Khala Petra« das arabische Zählen beizubringen. 2015 stranden Tausende von Flüchtlingen am Wiener Hauptbahnhof, wo die Buchhändlerin und Autorin mithilft, die Geflohenen mit Decken und Essen zu versorgen. Hier lernt sie die syrische Apothekerin Houda und ihren Mann kennen, die im Bürgerkrieg alles verloren haben: Haus, Familie, Auto, Apotheke. »Meine Freundin Houda erzählte immer, dass sie in Syrien ein richtiges Leben gehabt habe«, berichtet die Buchhändlerin. Sie unterstützt das Paar, in Wien Fuß zu fassen und stellt der schwangeren Houda ihr Büro zum Lernen zur Verfügung. »Heute sind beide ein Integrationswunder«, sagt Petra Hartlieb, die sich darüber entsetzt, wie rasch sich die »Willkommenskultur« ins Gegenteil verwandelt habe. Houda bekommt nach ihrem Pharmazieexamen sofort einen Job als Apothekerin, ihr Mann macht eine Ausbildung zum Lebensmittelchemiker in einer großen Mineralfabrik.

Bis Frühjahr 2020 blieben für Petra Hartlieb die Bedeutung der Worte ihrer Freundin über »ein richtiges Leben« abstrakt. Dann kam der 8. März. Bei Hartliebs versammelte sich eine Gruppe Freunde zum Weintrinken. Darunter eine hohe Beamtin des Sozial- und Gesundheitsministeriums, die spät von einer Krisensitzung der Regierung dazukommt, verstört wirkt und die übliche Umarmung verweigert. Corona hatte die Politik erreicht. Der Lockdown stand kurz bevor. »Freitagmorgen haben wir erfahren, dass wir wegen des Corona-Virus am Montag unsere beiden Wiener Buchhandlungen schließen müssen«, äußert Petra Hartlieb, der das Entsetzen auch heute noch anzumerken ist. »Im ersten Moment habe ich gedacht, das war es jetzt. Sechzehn Jahre umsonst«, erinnert sich die Mutter zweier Kinder an den ersten Moment der Verzweiflung. Wie in einem Film seien die vergangenen Jahre vorbeigezogen: die beiden Umzüge von Wien nach

Hamburg und retour, der langsame Erfolg der Buchhandlung in der Währinger Straße, ihr Einstieg als Krimiautorin, ihr Beststeller über ihre Buchhandlung, die Eröffnung der französisch-italienischen Buchhandlung in der Porzellangasse und der Kauf eines Sommerhäuschens im Weinviertel in Niederösterreich. Seit 2004 war es dem Ehepaar Hartlieb gelungen, aus dem verstaubten Buchladen Stropek einen der kultigsten Läden Wiens mit über zehn Mitarbeiterinnen und Mitarbeitern zu machen. Heute zählt Petra Hartlieb zu den bekanntesten Buchhändlerinnen Österreichs und ist ein »bunter Hund« in der Verlags- und Buchhandelsbranche. »Ich bin eine öffentliche Person«, erzählt sie, »mit allen Vor- und Nachteilen.«

»Wo kann ein Kunde einfach in einen Buchladen spazieren und mit einer Schriftstellerin sprechen«

Das liegt daran, dass ihr Roman »Meine wunderbare Buchhandlung« 2014 einschlägt wie eine Bombe, zum Dauerseller avanciert und in acht Sprachen übersetzt wird. Zunächst hielt sie die Idee von Jo Lendle, dem damaligen Programmleiter für Literatur bei Dumont, für abwegig, bereits im mittleren Alter ihre Biografie zu schreiben. Doch der Verleger lässt nicht locker. Und die tatkräftige Petra Hartlieb findet Gefallen an der Idee, besteht aber auf ihrem unverwechselbaren lakonischen wie pointierten Stil. Beschönigt wird wenig. Plastisch schildert sie in ihrem Buch, wie sie am 23. Dezember abends heulend vor Anstrengungen auf dem Sofa liegt, mokiert sich über Büchertische, die unerlässliche Ratgeberecke und allzu übergriffige Kunden; darüber, dass Thilo Sarrazins Buch »Feindliche Übernahme« gerne gelesen wird und wie wenig Einnahmen sie mit ihrer Buchhandlung erzielt. Regelmäßig müssen sich die Hartliebs im Sommer Geld leihen, um die Gehälter ihrer Angestellten zu zahlen.

Buchhändler und Kunden reagieren auf den Blick hinter die Kulissen einer Buchhandlung begeistert. »Für mich war es das größte Geschenk, dass Menschen sich nach dem Lesen meines Buches entschlossen haben, ihrem Leben eine neue Richtung zu geben«, berichtet die politisch aktive Buchhändlerin begeistert. Bislang hat sich ihr Werk über 80.000 Mal verkauft. Jeden Tag kommen Touristen in die Währinger Straße, um Petra Hartlieb persönlich kennenzulernen oder sich gemeinsam mit ihr fotografieren zu lassen. »Das Buch wird meine Rente sichern«, erzählt sie und von ihren beiden Leben, eines als Buchhändlerin, eines als Autorin. »Wo bitte«, meint sie, »kann ein Kunde einfach in einen Buchladen spazieren und mit einer Schriftstellerin sprechen?«

Der Roman erzählt jedoch nicht nur die Geschichte des herrlich altmodisch wirkenden Buchladens, sondern unaufgeregt auch die der vier Hartliebs. Ungeschminkt berichtet die sympathische Wahlwienerin über ihre Patchworkfamilie. Von ihrem älteren Sohn Jan, der bald nach dem Umzug nach Wien beschließt, lieber in der Hansestadt das Gymnasium zu besuchen, und von dem zweiten Kind, das im Buchladen umgeben von Büchern, Autorinnen und Mitarbeiterinnen aufwächst, aber auf gar keinen Fall Buchhändler werden will. Sie karikiert liebevoll ihren Mann Oliver, der sich um die Verwaltung der Buchhandlung kümmert und von der Kundschaft als »Reichsdeutscher mit Akzent« bezeichnet wird. Die Autorin lässt den Leser an der Fülle ihrer Emotionen teilhaben, an ihrem Stress, Familie und Buchhandlung unter einen Hut zu bringen, von ihrem Glück, ihren Lebenstraum zu leben, und davon, wie bereichernd es ist, Schriftsteller wie T.C. Boyle, Arno Geiger, Daniel Glattauer, Jonathan Franzen und Doris Knecht persönlich zu kennen. Doch dies geschieht so feinsinnig, dass der Blick durchs Schlüsselloch an keiner Stelle zu intim ausfällt. Oft lösen sich deshalb Probleme, werden Fragen nicht vertieft. »Schönreden« und »schöntrinken«, heißt es in Hartliebs Jargon.

Ganz zu Beginn erfahren die Leser natürlich, wie die Hartliebs auf die »Schnapsidee« kamen, 2004 in Wien eine Buchhandlung zu kaufen. Oliver Hartlieb hatte damals eine gut bezahlte Position in einem renommierten Hamburger Verlag. Der sechszehnjährige Gymnasiasten-Sohn Jan war das erste Mal verliebt und Petra Hartlieb selbst hatte sich ihr Leben mit Kleinkind, Treffen mit Latte-macchiato-Müttern und Schreiben für den NDR mit Büro im Schanzenviertel gut eingerichtet. Weil es in Hamburg im Sommer so viel regnete, beschließt die Familie Hartlieb spontan, zu Wiener Freunden zu fahren, um im Garten und an der Donau zu entspannen, zu spielen und zu lesen. Da ändert sich ihr Leben durch ein Abendessen mit Verlagsleuten mit dem üblichen Klatsch und Tratsch: Angeblich sei eine kleine, völlig heruntergekommene Traditionsbuchhandlung zu verkaufen. Der Rest der Geschichte ist Inhalt ihres Dauersellers, der mit den Worten beginnt: »Wir haben eine Buchhandlung gekauft. In Wien. Wir haben eine Mail mit einer Zahl geschrieben, ein Gebot, einen Betrag, den wir nicht hatten, und nach einigen Wochen kam die Antwort: Sie haben eine Buchhandlung gekauft.« Auf den nächsten Seiten verfolgt die Leserschaft mit wachsender Spannung, wie ein Lebenstraum Realität wird, erfährt, wie es ist, sich viel Geld von Freunden zu leihen, gemeinsam mit einem Radiologenpaar plus Kindern in dessen Wohnung zu leben, zur Großfamilie zusammenzuwachsen und unterdessen die Wohnung über der Buchhandlung und den Laden in ein Juwel zu verwandeln. Hierzu gehört das positive Grundgefühl, alles schaffen zu können, sich auf sein Schicksal zu verlassen. Dieses Sich-getragen-wissen hat Petra Hartlieb - trotz Widrigkeiten - gut durchs Leben gebracht. Auch bei der Wahl ihres Mannes hat sie kaum gezögert. Beide lernen sich 1999 auf der Leipziger Buchmesse kennen. Sie arbeitet in Wien als PR-Frau für einen Verlag, er in Hamburg als Vertreter für den Rowohlt-Verlag. Er schenkt ihr ein Werbe-T-Shirt und den neuesten Roman von Philip Roth. Es beginnt eine »heiße E-Mail-Affäre«. Als er sie zwei Monate später mit einem roten Volvo-Kombi, den Kofferraum voll mit Verlagsprospekten und Neuerscheinungen, in Wien besucht, fühlt sie sich »so verlockt wie Hänsel und Gretel für das Pfefferkuchenhaus«. Sie macht Nägel mit Köpfen und zieht mit ihrem Sohn, über den sie sagt, »es sei abenteuerlich, ihr Sohn zu sein«, nach Hamburg, weg aus Wien, das bis dato für das neue Leben stand.

»Das wahre Leben schreibt nicht die Geschichte, sondern die Literatur«

Mit achtzehn Jahren hatte sie schon einmal einen radikalen Schnitt gemacht, als sie aus der oberösterreichischen Provinz zum Geschichts- und Psychologiestudium nach Wien zog. Raus aus der Enge des strengen Elternhauses, wo statt Schiller und Goethe der Reader's Digest im Buchregal steht. Der Vater arbeitet als Ingenieur, die Mutter kümmert sich um die Töchter. Freiräume und Phantasiereisen bieten das Lesen. Jede Woche erwarten die beiden Schwestern die Ankunft des Bücherbusses. In Wien holt sie nach, was zu Hause reglementiert ist: wilde Partynächte und wechselnde Liebhaber. Sie engagiert sich in einer Trotzkisten-Gruppe, schreibt bei der Zeitschrift »Die Linke« und wird mit knapp neunzehn Jahren schwanger. Kind, Studium und Job sind parallel nicht zu schaffen. Sie bricht das Geschichtsstudium ab und beginnt, im Verlag zu jobben. Dabei hilft ihr die Erkenntnis, dass das wahre Leben nicht die Geschichte, sondern die Literatur schreibt. Sie habe das Grauen von Auschwitz vor allem beim Lesen des Romans »Abschied von Sidonie« des österreichischen Schriftstellers Erich Hackl verstanden. »Selten hat mich eine Geschichte so berührt, wie die über das Romamädchen Sidonie, das im Konzentrationslager stirbt, nachdem ihre Pflegeeltern vergeblich versucht hatten, das Mädchen zu bewahren«, berichtet Petra Hartlieb.

Die zutiefst positive Grundhaltung der Hartliebs zeigt sich in ihrem lieb gewählten »Schönreden«

Gemeinsam mit ihrem kleinen Sohn mietet sie mit anderen alleinerziehenden Müttern eine Wohnung, um sich gegenseitig zu helfen. Damit findet sie zu einer Lebensform, die bestimmend für sie ist: Fast wie von Zauberhand zieht sie im richtigen Moment die richtigen Menschen in ihr Leben. In Petra Hartliebs Erzählungen wimmelt es daher von Gestalten wie die des älteren Herrn, der ihr nach einer feucht-fröhlichen Nacht dabei hilft, die Markise der Buchhandlung vom Schnee zu befreien. Es treten Eltern von Lehrlingen auf, die während des Weihnachtsgeschäfts Essen für die ganze Crew kochen, Freundinnen, die nach langen Tagen Pizza und Wein bestellen; Handwerker, die zufällig vorbeischauen und helfen, den Laden zu renovieren und eine Leihoma, die sich so liebevoll um den ältesten Sohn kümmert, als wäre es ihr Enkel. Auch der 85-jährige Klavierlehrer von Petra Hartlieb ist der Vater einer guten Freundin, der sie zu häufigem Üben animiert. Die Buchhandlung in der Währinger Straße wirkt wie ein verlängertes Wohnzimmer der Nachbarschaft, wo nach Klavierlehrern, Kindergartenplätzen und Putzfrauen gefragt wird. Und genau dies macht den besonderen Reiz des Ladens aus. Sie wolle einmal abtreten mit dem Gefühl, ein schönes Leben gehabt zu haben. Bisher scheint es gut gelungen.

Diese zutiefst positive Grundhaltung, für die die Hartliebs gerne den Begriff »schönreden« verwenden, zeigt sich vor allem in der Corona-Pandemie, in der kleinere Buchhandlungen als Gewinnerinnen der Krise hervorgehen. Nach dem Schock nutzt Petra Hartlieb ihre Reichweite bei Facebook und wirbt dafür, Bücher im Webshop zu bestellen. Die Reaktion ist durchschlagend. Statt zehn Paketen verschicken Mitarbeiterinnen und Mitarbeiter bis zu dreihundert täglich, was einen »irren« logistischen Aufwand bedeutet. Bestellte Bücher stapeln sich bis zur Decke; aus Büchertischen werden Packtische; kilometerweise Klebeband und Massen von Druckerpatronen werden verbraucht. Und die Hartliebs – ohnehin schon bekannt für unkonventionelles Marketing – bauen ihr kreatives Potenzial weiter aus: Ein Videoclip auf Facebook gibt im Zeitraffer Einblick, in den »wunderbaren Versandbuchladen«; ein Foto zeigt die Route der Fahrradkuriere anhand von Spielfiguren auf einem Stadtplan, die kostenlos Bücher zu Senioren bringen.

»Eigentlich kann ich nicht mehr.« Ein Profilbild, das Petra Hartlieb gebückt im gelben Regencape inmitten von Büchern zeigt, schweißt die Fangemeinde der Hartliebs enger zusammen. Wer ihr auf Facebook folgt oder ihren Blog liest, erfährt die Fortsetzungsgeschichte von »Meine wundervolle Buchhandlung«. Hier wird in der Corona-Pandemie täglich ein Glas Rotwein nach einem Tag harter Arbeit gepostet, sich für den Blumenstrauß einer älteren Kundin bedankt und gegen Tiertransporte empört. Sie schildert die tägliche »unfassbare E-Mail-Flut, die Flut an Bestellungen und die Entfremdung vom Buchhändlerberuf«. Während der Krise beantwortet

Mit Büchern der Krise trotzen – Petra Hartlieb liebt Literatur

sie alle E-Mails und wenn sie nachts fertig ist, sind am Morgen schon wieder zahlreiche neue eingegangen. »Ich habe während der Schließung unserer Filialen so viel gearbeitet wie noch nie in meinem Leben«, erzählt Petra Hartlieb. »Oft habe ich abends noch Bücher mit der Vespa ausgefahren«, erinnert sie sich. Das ihr angebotene Trinkgeld lehnt sie dankend ab. Viele können sich nicht vorstellen, dass die »Chefiza«, wie sie sich auf Facebook nennt, selbst in die Pedale tritt. Ihr ältester Sohn, ein Lehramtsstudent, der sofort seinen Nebenjob bei einer Kabarettbühne verliert, bringt allabendlich die Pakete zur Post. Der jüngere Sohn hütet den Familienhund. Die Hartliebs selbst arbeiten rund um die Uhr, sieben Tage die Woche. »Selbstverständlich kommt durch den Onlinehandel Geld in die Kasse«, rechnet Petra Hartlieb vor, »aber bei dem erhöhten Aufwand ist mit dem gleichen Gewinn wie im vergangenen Jahr nicht zu rechnen«.

Mit ihrer Begeisterung für Literatur steckt die patente Buchhändlerin jeden an

Was sie freut: Menschen aus ganz Österreich, darunter viele Neukunden, bestellen im Hartliebschen Onlinehandel statt bei Amazon. Dem amerikanischen Onlineversandhändler hat die rührige Buchhändlerin seit langem den Kampf angesagt. »Ich weiß nicht mehr, wann genau wir realisiert haben, dass unser Feind nicht die große Buchhandelskette auf der anderen Seite der Stadt ist, sondern unsichtbar im Netz lauert. Dass es plötzlich sexy ist, per Mausklick zu bestellen, und uncool, in einen kleinen Laden zu gehen und zu sagen, was man gerne möchte«, heißt es schon in »Meine wunderbare Buchhandlung«, wo sie beschreibt, dass sie auf der Post »beinhart« schon einmal in der Schlange jemanden anspricht, der eine Onlinebestellung abholt. »Hinter Hartlieb steht Hartlieb, hinter Amazon ein börsennotiertes Unternehmen«, fügt sie selbstbewusst hinzu. Gerade die Pandemie zeige die Wichtigkeit persönlicher Beratung. Sonst bestellten ihre Kunden nämlich hauptsächlich Bestseller von Donna Leon, Ratgeber »Wie rette ich meine Beziehung« und Klassiker statt Novitäten. Die besondere Beratung durch eine Gruppe hochmotivierter und durchaus unterschiedlicher Buchhändlerinnen und Buchhändler ist ein Grund, bei Hartliebs zu stöbern. Der andere ist das altmodische Flair des kaum 60 qm großen Buchladens mit hoher Leiter und dem sogenannten Sarg, auf dem sich Neuerscheinungen stapeln. Im Schaufenster empfehlen Mitarbeiterinnen ihr momentanes Lieblingsbuch. Und es passt, dass Petra Hartlieb Rebekka Makkais Roman »Die Optimisten« als ihr Lieblingsbuch ausgewählt hat.

Es gibt noch einen weiteren Grund, aus der Straßenbahn auszusteigen und den Hartliebschen Buchladen zu betreten: den »Petra-Hartlieb-Faktor«. Mit ihrer Begeisterung für Literatur steckt die patente Buchhändlerin jeden an. Nicht nur in den beiden Läden, sondern auch mit ihren Büchern. »Meine wundervolle Buchhandlung« ist nicht ihr erstes. Bei einem Mittagessen während der Frankfurter Buchmesse plaudert sie mit dem Berliner Journalisten Claus-Ulrich Bielefeld darüber, dass sogar Suhrkamp sein Geld mit Krimis verdient. »Wir können sowas auch«, meinen beide. Beim Nachtisch erfinden sie den Berliner Kommissar Thomas Bernhardt und seine alleinerziehende Wiener Kollegin Anna Habel; das Mordopfer ist ein Schriftsteller, der Täter sein Literaturagent. Anschließend gehen Texte zwischen Berlin und Wien hin und her. Wo der eine aufhört, fängt die andere an. Als beide das Manuskript bei Diogenes einreichen und der Geschäftsführer wenig später anruft und das Buch verlegen will, glaubt Petra Hartlieb an einen Kollegenscherz. Inzwischen hat das Duo den vierten

Wien-Berlin-Krimi veröffentlicht, der im Kunsthandel-Milieu spielt.

Das erste Buch aus der beliebten »Marie-&-Oskar-Reihe« entsteht hingegen als Auftragsarbeit. Der Verlag bestellt ein »kitschiges« Weihnachtsbüchlein. Und weil der Arzt und Literat Arthur Schnitzler um die Ecke in Währing wohnte, benutzt Petra Hartlieb Schnitzlers großzügiges Haus als Kulisse für die Geschichte über das Kindermädchen Marie. In dem Roman schickt Schnitzler Marie in die nahegelegene Buchhandlung, wo sie den Buchhändler Oskar kennen- und bald darauf liebenlernt. »Inzwischen warten meine Kunden schon darauf, wie es weitergeht«, erzählt Petra Hartlieb, die an dem vierten Band schreibt, das im Wien der zwanziger Jahre spielt und das Lebensgefühl dieser Zeit aufleben lässt. Was genau in der Geschichte passieren wird, weiß die Autorin selbst noch nicht. Sicher ist, dass das Buch mit Schnitzlers Begräbnis auf dem Zentralfriedhof 1931 endet.

Woher sie die Zeit zum Schreiben nimmt? Inzwischen arbeitet sie nur noch vier Tage im Laden. An den anderen Tagen schreibt sie. »Es hat wahrscheinlich zu lange gedauert, bis ich gemerkt habe, dass ein dreizehnköpfiges Team aus Individualisten eine Führung braucht«, sagt Petra Hartlieb selbstkritisch.

Chefin – ohne schlechtes Gewissen

Unternehmerin oder Chefin wollte sie nie sein. Das entsprach weder ihrem Selbstverständnis als Gewerkschaftsmitglied noch ihrer linken Überzeugung. Als Jugendliche habe sie sich einen Chef als eine Mischung aus ihrem strengen Vater und dem bei Dagobert Duck karikierten Bandenführer vorgestellt und gedacht, Chefs wären »jähzornige Männer, die ihre Angestellten zur Schnecke machen und unfassbar reich sind«. Inzwischen sind die Aufgaben in den Buchläden verteilt. Jeder Mitarbeiter und jede Mitarbeiterin hat sein und ihr Spezialgebiet. Das Ehepaar Hartlieb trägt die Verantwortung: er als Innenminister, sie als Außenministerin. Und die Chefiza nimmt sich die Freiheit zum Schreiben und ist »Chefin ohne schlechtes Gewissen«.

Die Hartliebschen Krimis

Nach dem dritten Glas Wein beim Italiener auf der Frankfurter Buchmesse ist klar: Die Wiener Buchhändlerin Petra Hartlieb und der Berliner Literaturkritiker Claus-Ulrich Bielefeld würden es miteinander versuchen. In ihrem Fall heißt das: Sie würden gemeinsam, jedoch über die Entfernung von 800 Kilometern getrennt, einen Wien-Berlin-Krimi schreiben, witzige wie böse Dialoge dichten. Jeweils zehn Seiten der eine, zehn die andere, dabei Flair, Kuriositäten und ungewöhnliche Orte in beiden Städten einfangen. In Wien ermittelt die alleinerziehende, temperamentvolle Chefinspektorin Anna Habel. In Berlin der eher nachdenkliche Berliner Kommissar Thomas Bernhardt. 2011 erscheint der erste Krimi des Duos, der im Verlagsmilieu spielt. Der zweite führt in die Berliner Restaurantszene, der dritte ins Berliner Ensemble und ins Burgtheater. »Im großen Stil« entführt den Leser 2015 in die Welt des Kunsthandels.

Schoko
Lammlein
jetzt

*1967

Viola Fuchs
Gewürzherstellerin

Von Schaumzuckerware und Sternanis
Die Unternehmerin Viola Fuchs mischt den Gewürzhandel auf

»Ich möchte mich an dem, was ich tue, erfreuen und diese Freude weitergeben, um Menschen glücklich zu machen«, fasst Viola Fuchs ihr Lebensmotto zusammen. Ihr eigenes Glück beginnt vor 23 Jahren, als sie 1997 im vornehmen Hamburger Stadtteil Eppendorf ein 30 qm kleines Gewürz- und Delikatessengeschäft namens VIOLAS´ eröffnet. Die Banken verweigern den Kredit, Freunde sind nicht überzeugt. »Ich selbst hatte keine Zweifel«, erzählt die zupackende Geschäftsfrau, »schließlich wusste ich, dass meine Großeltern mit ihrer Gewürzhandlung in Wiesbaden Erfolg hatten.« Sie greift auf das väterliche Erbe zurück und beschließt, sich ihren Traum vom eigenen Laden ohne Bankkredit zu erfüllen.

Auf weibliche Unterstützung aus der Familie kann Viola Fuchs hingegen zählen. Vor Geschäftseröffnung reisen Großmutter und Mutter für einen Monat an. »Gemeinsam haben wir von früh morgens bis in die Nacht gemischt, gemahlen, abgefüllt und Tränen gelacht! Das war wunderschön. In dieser Zeit habe ich mehr über mein gewähltes Handwerk gelernt als in den Jahren danach«, berichtet Viola Fuchs. Nach langen Überlegungen kommt die Mutter auf den Namen VIOLAS' in Großbuchstaben – und setzt damit ein Statement. Im November eröffnet die Jungunternehmerin ihren Laden. Das Wagnis geht auf. Sie profitiert vom Weihnachtsgeschäft und davon, die einzige Inhaberin einer Gewürzhandlung in Hamburg zu sein, die zudem noch Gewürzmühlen anbietet, die sie in Handarbeit selbst befüllt. »So habe ich die ersten Monate souverän umschifft«, berichtet Viola Fuchs und fügt hinzu, dass ihr es langfristig geholfen habe, dass Kochen wieder in Mode kommt.

Auch wenn Viola Fuchs zwischen Chilipulver, Lorbeer, Zimt und Kurkuma, zwischen Ockergelb, Sandbraun und Backsteinrot aufwächst, kommt sie zu ihrem Laden über Umwege. Nach einer Ausbildung zur Einzelhandelskauffrau beschließt sie, Schuhdesignerin zu werden. »Meine Mutter hatte einen Sinn für Eleganz und unkonventionelle Schuhe«, erzählt die Tochter, »und führt deshalb in Wiesbaden ein Schuhgeschäft.« Gemeinsam unternehmen sie Reisen nach Mailand und Paris und lesen am Sonntag die VOGUE. »Ich weiß noch, wie ich fasziniert einen Artikel über eine Schuhdesignerin in London las, die dort an einem College studierte.« Viola Fuchs hängt ihre Lehre an den Nagel, fliegt ohne Englischkenntnisse in die britische Hauptstadt und verbringt dort zweieinhalb »herrliche« Jahre. Im Studium sind kreative und ausgeflippte Modelle gefragt, die Kommilitonen stammen aus aller Herren Länder. »London bleibt meine Lieblingsstadt«, bekennt sie, die eine besondere Liebe zu Inspector Barnaby und zum exzentrischen englischen Humor pflegt.

Als Kind taucht Viola Fuchs spielerisch in die faszinierenden Düfte und Farben aus Orient und Okzident im großväterlichen Gewürzgeschäft ein

Als der Vater schwer erkrankt, kehrt sie mit Examen nach Hause zurück und nimmt nach seinem Tod eine Stelle in einer Hamburger Schuhfirma an, die Deichmann und Görtz beliefert. Für ihren Arbeitgeber reist sie zwar oft nach Portugal

Die Manufaktur hochwertiger Gewürze

und Taiwan, doch bleibt die Kreativität auf der Strecke. Auch behagt ihr das Angestelltendasein nicht. »Ich wollte mein eigener Boss sein«, erzählt Viola Fuchs lachend. Die Mutter bringt sie auf die Idee, sich auf ihre Wurzeln zu besinnen und Gewürzmüllerin zu werden. Sie bereut den Wechsel keine Minute und frönt der Leidenschaft für Schuhe stattdessen im Urlaub und auf Dienstreisen.

Vorbild für ihren Laden ist das Geschäft der Großeltern. Der Großvater Karl Müller, der in seiner Freizeit gerne malt, tauscht in der Nachkriegszeit mit den Amerikanern Lebensmittel gegen Gewürze und gründet 1948 in der Wiesbadener Innenstadt den »Gewürzmüller«, der zunächst auch exotischen Tee verkauft. Der Laden entwickelt sich rasch zum führenden Delikatessengeschäft Wiesbadens und bietet verschiedene Sorten Curry, Kurkuma, Tonkabohnen, Tee, Pasta oder Risotto an. Heute wird das kleine bis oben mit Köstlichkeiten vollbestückte Geschäft in der Mühlgasse von der gesamten Familie der Tante von Viola Fuchs geführt und gilt in der Landeshauptstadt als Kleinod in puncto Genuss. Die Familie Rittgardt, Söhne samt Ehefrauen, mischen die Gewürze noch selbst. Besonders die per Hand zusammengestellten Risottosorten mit hochwertigsten Zutaten und Rezepturanleitung auf der Rückseite sind der Verkaufsschlager.

Als Kind taucht Viola Fuchs spielerisch in die faszinierenden Düfte und Farben aus Orient und Okzident im großväterlichen Gewürzgeschäft ein. »Vanille und Sternanis – mit diesen warmen und sinnlichen Gerüchen verbinde ich meine Kindheit«, erzählt Viola Fuchs und schwärmt davon, welche Geborgenheit, welche Sicherheit diese Gewürzdüfte bei ihr auslösen. Außerdem besitzen die Großeltern einen großen Stand in der Frankfurter Kleinmarkthalle, wo Frankfurter ihr Rindfleisch, ihren Kerbel, Salatkopf und Gurke zum Kochen kaufen und

Viola Fuchs gemeinsam mit ihrer Mutter, die den Stand übernommen hat, lange hinter dem Verkaufstresen des Gewürzstandes arbeitet. Auch aus dieser Zeit sind ihr die vielen unterschiedlichen Gerüche in Erinnerung geblieben, die ein spezifisches Ganzes ergeben. »In meinem Unternehmertum hat mich besonders meine Großmutter beeinflusst«, berichtet Viola Fuchs und erzählt, wie optimistisch ihre Großmutter Helene Müller trotz Flucht aus Ostpreußen und diverser Schicksalsschläge gewesen sei. Sie habe immer das Positive gesehen und noch im Alter von 98 Jahren Gewürze für den Wiesbadener Laden abgepackt. »In meiner Familie haben die Frauen den Ton angegeben und gearbeitet.« Heute steht ihr ihre Mutter, die noch bis vor einigen Jahren in der Kleinmarkthalle arbeitete, mit Rat und Tat zur Seite. »Ohne die Unterstützung meiner Frau könnte ich mein Unternehmen nicht so pushen«, ergänzt Viola Fuchs und erklärt, dass sich ihre Partnerin nach einer Karriere bei der Lufthansa derzeit vorrangig um die drei Kinder kümmere. Während Viola Fuchs vor der Corona-Pandemie auf einer ihrer zahlreichen Reisen nach Italien, Thailand oder Sri Lanka war, blieb sie per SMS und Skype ständig in Kontakt mit ihrer Familie. Sehr wichtig ist der Gewürzmüllerin bewusst erlebte gemeinsame Zeit, in der gespielt, gelacht, gekocht und gemeinsame Ausflüge gemacht werden. Schließlich will Viola Fuchs bei all der guten Erziehung – auf die sie und ihre Frau Wert legen – den Kindern eine »kunterbunte« Kindheit bieten.

»Ich bin für Fisch«, »Mut kann man kaufen« oder »Ich will aufs Ei«

Während ihre Frau ihr den Rücken freihält, setzt die Gewürzunternehmerin ihre sprudelnden Ideen um. Da ihre Lieblingsfarbe pink ist, taucht sie den nun größeren Eppendorfer Laden in pink-graue Farbe ein. Das Schaufenster drapiert sie mit ihrem Faible für Design stets jahreszeitlich um. Sie erfindet personalisierte Gewürzmühlen mit besonderen Mischungen, wie die Salzkomposition »Hamburg, meine Perle«, in die sie eine Zuckerperle mengt, »Ich bin für Fisch«, »Mut kann man kaufen« oder »Ich will aufs Ei«. Auch ausgewählte Pasta- und Reissorten, feinste Schokolade, Essig und Öl kann man bei VIOLAS´ kaufen. Besonders aber nutzt sie den Freiraum zum Erfinden neuer Gewürzmischungen. Diese werden in einer Versuchsküche mit Mitarbeiterinnen und Mitarbeitern getestet, handgemischt, zu Gerichten verkostet und bei positivem Ergebnis in die Produktion gegeben, in der alles noch immer per Hand abgefüllt wird.

Die Manufaktur von hochqualitativen Gewürzen ist in Deutschland einzigartig und unterscheidet sich von industriellen Gewürzherstellern, die große Chargen produzieren und diese dann einlagern. »Wir produzieren in unserer Manufaktur kleine Chargen, weshalb ein Produkt in unseren Geschäften auch durchaus mal vergriffen sein kann. Dafür garantieren wir Frische und eine tolle Qualität. Die hochwertigen Rohstoffe aus aller Welt unterliegen einer strengen Qualitätskontrolle. Natürlich wird für jede Gewürzmischung viel experimentiert. Bis zur fertigen Mischung können schon einige Monate und unzählige Versuche verstreichen«, erklärt Viola Fuchs. In der Pandemie hatte die Firma keine Probleme, die Rohstoffe zu erhalten – selbst aus Indien nicht. »Nur der Handel mit Italien gestaltete sich schwierig«, sagt die Unternehmerin.

Die Inspiration für neue Kreationen kommt auf verschiedenen Wegen: von Restaurant- und Messebesuchen, von Zeitschriften und Kundenwünschen. »Ich schaue natürlich auch internationale Kochshows, lese die neuesten Kochbücher und verfolge innovative Trends«, erzählt Viola Fuchs. Beispielsweise habe sie für die Rezepte des israelischen Starkochs Yotam Ottolenghi ein Rosenharissa gemischt, das den süßlichen Geschmack der Rosenblüten mit scharfem Chili vereint. Letztlich sei das Spiel mit Duft und Geschmack ein kreativer Prozess, der bei ihr Emotionen wachruft. Seit ihrer Kindheit liebt sie besonders Vanille. »Vanille ist der beste Duft der Welt für mich: warm und sinnlich, dennoch herb und so herrlich schwer, fast dramatisch«, beschreibt sie das Gewürz, das sie längst zu Jakobsmuscheln und Steak verwendet.

Gute Zutaten und beste Qualität wertschätzen

»Meine Kundschaft ist bunt gemischt«

Diese geballte Sinnlichkeit strahlt auch der Eppendorfer Laden aus, wo die Besucherschaft in eine ungeahnt vielfältige Welt der Gewürze, Schokoladen, Suppen, des Gebäcks, von Öl- und Essig-, Risotto- und Pastasorten eintaucht. Vom Vanillepfeffer, Einhornlocken, den persischen Safranfäden hin zur Chilischokolade, vom Grapefruitessig mit Zitrone zum süßen arabischen Kaffeegewürz und dem kandierten Fenchel. Fast scheint es, es gäbe alles, was das Herz begehrt. »In den vergangenen Jahren habe ich das Sortiment drastisch ausgeweitet. Wo es früher sechs Pfeffersorten gab, biete ich inzwischen zwanzig an.« Die Diversität der Gewürze werde von den Kochrichtungen bestimmt. »Schon vor Corona gab es den Trend zu veganem oder vegetarischem Essen, wofür besondere Gewürze gebraucht werden«, meint die Gewürzexpertin. Dieser Trend habe sich nun eindeutig verstärkt – auch durch die Fleischskandale und den Ausbruch des Corona-Virus in den industriellen Fleischfabriken. Viele Kunden schauen nun nach guten Zutaten, entdecken das Kochen neu. »Ich hoffe, dass die Entwicklung, mehr auf die eigene Gesundheit zu achten und deshalb vermehrt qualitätsvolle Produkte zu kaufen, anhält«, sagt Viola Fuchs, die die Krise als Chance sieht. »Meine Kundschaft ist bunt gemischt: von der Hausfrau, die gezielt ein Gewürz sucht, hin zum Geschenkkunden, der mit einer Schleife verpackte rote Spaghetti statt Rosen kauft, oder dem Sterne- und TV-Koch, der neue Anregungen sucht.« Besonderen Wert legt die Geschäftsführerin auf eine kompetente Beratung ihrer Kundschaft. »Wir leben vom persönlichen Gespräch mit unseren Kunden«, betont sie, weshalb das Onlinegeschäft zwar angeboten wird, aber niemals den haptischen Genuss ersetzen kann.

Als die Kinder aus dem Gröbsten heraus sind und sie in einem Unternehmensberater einen geeigneten Geschäftspartner findet, baut sie unter dem Dach einer GmbH 2012 ein Franchisekonzept auf. VIOLAS´ wird als wiedererkennbare Marke etabliert, die in den sozialen Medien mit bunten Bildern und neuen Rezepten für sich wirbt. 2013 startet das erste VIOLAS´ Franchise Geschäft in Hamburg. Inzwischen gibt es von Augsburg bis Lübeck und von Düsseldorf bis Ravensburg 29 VIOLAS´-Verkaufsstellen.

»Vanille ist der beste Duft der Welt für mich: warm und sinnlich, dennoch herb und so herrlich schwer, fast dramatisch«

Für den regionalen Markt setzt die Unternehmerin auf lokale Gewürzmischungen wie bayerisches Obazda-Gewürz und Aachener-Printen-Mischung. Ein unerwarteter Renner ist das schwäbische Nationalgericht »Linsen mit Spätzle«, das sich bundesweit verkauft. Die Pandemie lässt VIOLAS´ aber auch neue Wege gehen. »Wir setzen deshalb auch verstärkt auf kleinere Geschäfte in attraktiven Straßenlagen«, erläutert die Unternehmerin. In der Krise wurde beispielsweise ein neues kleines Geschäft in Dresden eröffnet, das sehr gut gestartet ist. Viele Kunden sind froh, in schön dekorierten Läden mit freundlicher Bedienung und qualitätsvollen Produkten dem Alltag eine zeitlang zu entkommen.

2018 erfüllt sich Viola Fuchs einen weiteren Traum und verkauft auch in den USA ihre Gewürze in einer Kooperation mit dem badenwürttembergischen Unternehmen »Vom Fass«, das dort 30 Geschäfte betreibt. Künftig will sie auch im europäischen Ausland Geschäfte eröffnen. Für ihren anhaltenden Erfolg zeichnet sie der »Club europäischer Unternehmerinnen« aus. Ob sie jemals Angst vor dem Scheitern gehabt habe? »Nein, für mich gibt es kein Scheitern, nur Lernen«, so die Wahlhamburgerin. »Ich folge dem Motto: Hinfallen – Aufstehen – Krone richten.«

Wo einst Viola Fuchs Großvater Gewürze mischte

Im Zentrum Wiesbadens, genauer gesagt in der Mühlgasse, findet der Nasenmensch »eines der bestsortierten Gewürzhandlungen Deutschlands« – so der »Feinschmecker«, den kleinen Laden »Karl Müller – Gewürzmanufaktur«. 1948 gründen die Großeltern von Viola Fuchs, Karl und Helene Müller, das Geschäft. »Die Leute waren anfangs sehr skeptisch und hielten die bunten Pülverchen für Farbpigmente«, erzählt Katharina Rittgardt, die Schwiegertochter der Eigentümerin. Inzwischen führt die Familie den Laden in der dritten Generation. »Mut zum Gewürz«, lautet die Devise, weshalb hier der ehemalige russische Präsident Michael Gorbatschow shoppt. Heute ist der mit exotischen Delikatessen bis unter die Decke bestückte Laden ein Glücksort für Feinschmecker. Neben gemahlenem Koriander, Rote-Beete-Pulver, Zitronenschale im Reagenzglas und zahlreichen Chili- und Pfeffersorten findet der Kunde beim Stöbern über achtzig Risottomischungen, diverse Senf-, Marmeladen- und Kaffeesorten, ausgefallene Schokoladen, Pasta, Öle, Pesto und Weine inklusive.

*1965

Innegrit Volkhardt
Hotelbesitzerin Bayerischer Hof

»Wie man mit Leidenschaft Dinge bewegen kann«
Innegrit Volkhardt leitet in vierter Generation das Hotel Bayerischer Hof in München

Esel spielen für Innegrit Volkhardt eine große Rolle. Bevor die Inhaberin des Hotels Bayerischer Hof morgens vom Starnberger See nach München fährt, mistet sie den Stall aus, füttert und putzt ihre vier Grautiere, die intelligent wie anschmiegsam sind. »Mit Eseln gewöhnen Sie sich an, im Jetzt zu sein«, erzählt die Betriebswirtin, die Tiere und Natur zum Entspannen braucht.

»Möglicherweise sind meine Esel und Katzen ein Kinderersatz«, sagt Innegrit Volkhardt, die in vierter Generation das Hotel Bayerischer Hof leitet und vor Energie sprüht. Als sie 1992 Chefin von 700 Mitarbeiterinnen und Mitarbeitern wird, schafft sie das auf ihren Vater Falk zugeschnittene patriarchalische System ab und führt sieben Bereichsleiter im Stammhaus in München und zwei Geschäftsführer für die Weinhandlung und das Hotel Zur Tenne in Kitzbühel ein. Nicht nur die Struktur veränderte sie, sondern auch Jahr für Jahr, so wie es sich ihrer Meinung nach für ein Hotel gehört, das Gesicht des Hauses. »Ich habe fast das gesamte Hotel Schritt für Schritt verändert«, erzählt die Hotelerbin, die bislang 180 Millionen Euro in Architekturprojekte und Renovierungen steckte. Besonders die von Innegrit Volkhardt beauftragten internationalen Stardesigner prägen den unverwechselbaren Stil des Hotels.

Eng arbeitet die Hotelmanagerin mit dem belgischen Kunstsammler, Antiquitätenhändler und Interior Designer Axel Vervoordt zusammen. »Ich liebe Axel Vervoordt als einen kreativen, zukunftsgewandten Menschen mit Tradition und Geschichte«, erzählt die Hotelmanagerin, die sich auf Reisen rund um den Globus inspirieren lässt. Als »weltweit führenden Geschmacksmacher« tituliert ihn das Kunstmagazin »Art + Auktion«. »Ich versuche, aus den Häusern ein Porträt ihrer Besitzer zu machen. Wir arbeiten so lange an der Architektur und Einrichtung, bis die Leute das Gefühl haben, sie hätten schon immer hier gewohnt. Meine Kunden sollen sich besser fühlen als je zuvor in ihrem Leben«, sagt Axel Vervoordt im Handelsblatt.

Der Designer steht für das entspannte Nebeneinander von Objekten unterschiedlicher Epochen, für die Kunst, Räume so zu inszenieren, dass der Kunde sich wohlfühlt und inspiriert ist. Er steht für natürliche Materialien, für Stille und Puristik, was Kunden wie Robert de Niro, Calvin Klein und das belgische Königshaus schätzen. 2009 sorgt der Interior-Designer für zeitlose Eleganz in den Restaurants Atelier und Garden, taucht zwei Jahre später das neu eröffnete Luxuskino in Erdtöne, verwandelt die »Palaishalle« in eine elegante wie stilvolle Wohlfühloase, renovierte den kompletten Bauteil Süd- und Nordflügel mit 28 Zimmern und der luxuriösen 350 qm großen Penthouse Garden Suite und baute den Palais Keller in einen puristischen Ort, der die Haptik des ehemaligen Salzstadls verkörpert, um. Sein jüngstes Werk sind die 14 neu gestalteten Veranstaltungsräume im Palais Montgelas.

»Warum Dinge ändern, die gut sind«, fragte die inzwischen verstorbene »Diva der modernen Innenarchitektur«, Andrée Putman, die ebenfalls für weiche Übergänge, statt Brüche steht. Mit über achtzig Jahren gewinnt sie den internationalen Architekturwettbewerb für die Neugestaltung des Wellnessbereichs. Die Französin gründet 1978 das Designstudio »Ecart«. Mit ihren hellen, puristischen Möbeln im klassizistischen Büro des französischen Kulturminister Jack Lang unterstreicht sie schon 1984 dessen Machtanspruch, erregt Aufsehen, weil sie das New Yorker Morgans Hotel im Schachbrett-Muster konzipiert und das Überschallflugzeug »Concorde« bis zur letzten Gabel ausstattet. Im Hotel Bayerischer Hof schafft sie 2005 auf 1.300 qm eine einzigartige Wohlfühloase, die die Bullaugen des ehemaligen Pools integriert. Das Haus wird um einen siebten Stock erhöht und durch das »Blue Spa« gekrönt.

Das Refugium erfüllt jeden Traum: vom Schwimmen unter freiem Himmel, dem Genießen eines gemüsefrischen Cocktails bis hin zu einer indischen Ayurveda-Massage oder einer individuellen Reha-Therapie von Ulrich Barth, der schon bei zahlreichen Stationen auch im Team von Oliver Schmidtlein, Physiotherapeut der deutschen Fußballnationalmannschaft und des FC Bayern sowie bei der Arzt-Legende Hans-Wilhelm Müller-Wohlfahrt tätig war. Die elegante Designerin schafft – wie sie sagt – »einen der schönsten Orte Münchens mit einem Blick, der an ein Gemälde erinnert.«

Besonders das Blue Spa und die von Andrée Putman gestaltete Dachterrasse erfüllen Innegrit Volkhardt mit Stolz, »weil ich hier München fühle, Ruhe habe und die Berge sehe, wenn Föhn herrscht«, erzählt sie. Das Verhältnis zu ihrem Vater beschreibt sie als sehr respektvoll, die Fußstapfen, die er ihr hinterlässt, waren groß. »Im Grunde war mein Vater ein bescheidener Mann, der die Natur liebte und am Starnberger See gerne leger mit seinen Hunden spazieren ging«, erinnert sie sich an ihren 2001 verstorbenen Vater, der zu den besten Hoteliers der Nachkriegszeit zählt. Mit seiner barocken Heiterkeit und unprätentiösen Art sei er ein »genialer Netzwerker und Menschenfänger« gewesen, immer bedacht, dass sich seine Gäste wie zu Hause fühlen.

In der vierköpfigen Familie gilt Innegrit Volkhardt als introvertierter als die ältere Schwester. »Ich war als Hotelerbin deshalb nicht vorgesehen und wenig im Bayerischen Hof«, sagt die Managerin, die behütet mit Tieren und Kindermädchen in Starnberg aufwächst, da die Eltern fast immer im Hotel verpflichtet sind. In ihrer Schulzeit auf der »Munich International School« hat die Tochter vor allem Pferde im Kopf. »Mein Pferd war mein bester Freund«, erzählt sie. Wenn die Mädchen die Eltern in das Hotel Bayerischer Hof begleiten, sei sie aus Protest in Reithosen erschienen.

Als der Vater Ende der achtziger Jahre schwer erkrankt, wendet sich Innegrit Volkhardts Leben. »Mein Vater hatte sich in der Kriegsgefangenschaft Malaria geholt und diese Erkrankung mit Willenskraft versucht, in Schach zu halten«, erzählt sie. Die ältere Schwester mit zwei Kindern will das Hotel nicht weiterführen. Es kommt zu einem denkwürdigen Treffen in dem Gourmetrestaurant »Schwarzwälder«. »Mein Vater wirkte bedrückt bei dem Gedanken, den Bayerischen Hof zu verpachten«, berichtet Innegrit Volkhardt. »Es war eine Mischung aus Pflichtbewusstsein und Liebe zu meinem Vater, die mich veranlasst hat, das Hotel zu übernehmen«, erzählt sie. »Ich wollte sein Lebenswerk nicht zerstören, sondern habe es als Aufgabe meiner Generation angesehen, das Erbe zu erhalten und idealerweise zu vermehren.« Beide handeln aus, dass die Tochter neben ihrem 1989 begonnenen BWL-Studium an der Fachhochschule München in das Hotel eintritt. Mit dem Diplom in der Tasche führt sie seit 1992 alleine die Geschäfte.

Auch wenn sie zunächst nicht als Hotelerbin vorgesehen war, macht sie nach dem Abitur eine Ausbildung zur Hotelfachfrau und 1985 ein sechsmonatiges Praktikum bei Gerd Käfer. Der Inhaber des Feinkostimperiums begeistert sie für das Hotelfach. »Gerd Käfer hat mich gelehrt, wie man in diesem Beruf zaubern kann, wie man mit Leidenschaft Dinge bewegen kann. Er hat mir gezeigt, dass alles machbar ist, wenn man nur will.«

Der Pool im Blue Spa

Nach der Übernahme des Hotels entwickelt sie ihren unverwechselbaren Stil als selbstbewusste Frau, der sich von dem ihres Vaters, eines Grandseigneurs alter Schule, unterscheidet. Um Gästen nicht ihre Wichtigkeit zu nehmen, kleidet sie sich stets in Schwarz – selbst als Gastgeberin illustrer Runden, auf Cocktailpartys, Poolevents oder Jazzkonzerten. Sie verzichtet auf Kinder, da sie bei den Eltern erlebte, wie schwer sich Familie und Hotel vertragen. Das Hotel wird »ihr Zuhause«.

»Ich habe Respekt vor den Leistungen der Vergangenheit und bin niemand, der alles radikal infrage stellt, sondern will das Hotel im Geist der Familie in die Zukunft führen«

Inzwischen bezeichnet die durchsetzungsfähige Unternehmerin zwanzig Prozent ihrer Gäste als Freunde. Und wer sie fragt, welcher Politiker, welche Schauspielerin, welcher Wirtschaftsboss oder welche Sportlerin noch nicht im Hotel Bayerischer Hof abgestiegen sei, erhält ein Schulterzucken. Sie waren alle da: von der Tennisspielerin Steffi Graf, dem russischen Präsidenten Wladimir Putin, Stevie Wonder, den Rolling Stones bis hin zu dem Modeschöpfer Christian Dior und dem Stararchitekten Sir Norman Foster, Bundeskanzlerin Angela Merkel oder Hillary Clinton. Prominente gehören seit Gründung des Hotels zum Bayerischen Hof wie der Eiffelturm zu Paris. Schon die österreichische Kaiserin Sisi logierte am Promenadeplatz, der Psychoanalytiker Sigmund Freud, der Komponist Richard Wagner oder die Schriftsteller Thomas Mann und Franz Kafka. Besonders beeindruckten Innegrit Volkhardt der Dalai Lama und der Boxer Muhammad Ali, dessen Boxkämpfe sie als Kind im Fernsehen gesehen habe.

Selbstverständlich erinnert sie sich auch gerne an das Spektakel um den Popstar Michael Jackson, der 1997 unter dem Namen »Dr. King« mehrere Suiten buchte. »Die Wünsche des King of Pop waren mit 24 Dosen Fanta, Schweizer Käse und zwei Stofftieren vergleichsweise bescheiden«, erzählt Innegrit Volkhardt. Als die Pop-Ikone 2009 starb, strömten Hundertschaften zum Hotel Bayerischer Hof und legten am Denkmal des italienischen Musikers Orlando di Lasso Blumen, Briefe und Fotos nieder. Heute zählt die Gedenkstätte zu den populärsten in München. »Ich habe Respekt vor den Leistungen der Vergangenheit und bin niemand, der alles radikal infrage stellt, sondern will das Hotel im Geist der Familie in die Zukunft führen«, so das Motto der Hotelerbin, für die der Service am Gast Grundstein jeden Erfolgs ist. Zählen kann sie dabei auf ein eingespieltes Team. Vom Pagen bis zur Köchin liebten sie alle ihren Beruf und fühlten sich als Teil der Hotelfamilie. »Wir haben das Glück, tolle Mitarbeiterinnen und Mitarbeiter zu haben«, sagt sie. »Es gibt Gäste, die kommen tatsächlich wegen der Menschen, die hier im Haus arbeiten, zu diesen Gästen zählen Präsidenten, berühmte Schauspielerinnen, Modemacher, Musikerinnen sowie auch viele treue Privatkunden und Geschäftsreisende, welche unser Haus oftmals seit vielen Generationen besuchen.«

Dabei ist sie nicht immer ungefürchtet. So gebe es ein Bonmot, nach dem die Chefin überall dort auftauche, wo ein Malheur passiere. Die zupackende Hotelmanagerin gilt als streng, die Ausbildung als hart. Was Innegrit Volkhardt an Disziplin und Pflichtgefühl von sich fordert, verlangt sie von ihrer Belegschaft. Oberstes Ziel ist der »Dienst am Gast«, egal, ob er um vier Uhr morgens ein Paar grüne Kniestrümpfe braucht oder um Mitternacht einen weißen Rosenstrauß. Ob Opernkarten für die Festspiele oder eine Karte für ein ausverkauftes FC-Bayern-Spiel.

So viel Engagement zeichnet sich aus: Seit Jahren rangiert der »Bayerische Hof« unter den weltweit fünfzig besten Hotels und gewinnt wie Innegrit Volkhardt jedes Jahr zahlreiche Preise. Sei es, dass die Bayerische Staatsregierung ihr den Staatsorden für besondere Verdienste um die Bayerische Wirtschaft verleiht oder sei es, dass Veuve Cliquot sie zur Unternehmerin des Jahres kürt oder sie die begehrte Brillat-Savarin-Plakette erhält.

Wer das Grandhotel durch die Drehtür betritt, vorbei an livrierten Portiers, die dem Gast beim Aussteigen aus einer schwarzen Limosine helfen, kommt in einen eigenen Wohlfühlkosmos. Stammgäste werden mit Namen begrüßt. »Wir versuchen dem Gast jeden Wunsch von den Augen abzulesen, bevor er diesen äußert«, sagt Innegrit Volkhardt. »Wir wollen, dass unsere Gäste das Hotel nicht verlassen müssen und alle Annehmlichkeiten hier finden«, erzählt sie. Der Gast kann seinen Tag bei der Massage im »Blue Spa« beginnen, ein Champagner-Frühstück über Münchens Dächern einnehmen, um abends ein Drei-Sterne-Menü im Restaurant »Atelier« zu verspeisen. Außerdem stehen die »Komödie im Bayerischen Hof«, ein Kino mit Loungesofas, der »Night Club« mit Live-Jazz Konzerten, die »falk's Bar", der »Palais Keller« mit bayerischer Küche oder das »Trader Vic's«, ein polynesisches Restaurant, das bei Eröffnung für einen Aufschrei in der Münchner Schickeria führte, zur Verfügung. »Mein Vater und mein Großvater hatten ihre Freude daran, neue Dinge aufzubauen, die ihnen persönlich Spaß machten. Ich glaube, da bin ich ähnlich veranlagt«, erzählt Innegrit Volkhardt.

Bei ihrem Vater Falk und ihrem Großvater Hermann steht nach dem Krieg der Wiederaufbau im Vordergrund. Im April 1944 zerstören Bomben weite Teile Münchens. Auch das Hotel Bayerischer Hof versinkt unter Schutt und Trümmern. Kaum aus dem Krieg zurück, fährt der neunzehnährige Hotelerbe Falk Volkhardt mit der Schubkarre durch die Trümmerlandschaft, um Steine, Holz, Stühle und Lampen zu organisieren. Gemeinsam mit seinem Vater Hermann will er an glanzvolle Zeiten des Hotels anknüpfen, als noch Staatspräsidenten, Schauspielerinnen und Diplomaten ein und aus gingen. Tatkraft, Mut und Begeisterung ersetzen größere finanzielle Eigenmittel.

Bereits 1945 eröffnen die Volkhardts ein Restaurant im stuckverzierten Spiegelsaal (die heutige falk's Bar), der wie durch ein Wunder das Bombeninferno überstanden hat. Gekocht wird in einer provisorischen Zeltküche. Mit der ersten Gaststätte begründet die Familie die große Restauranttradition im Hotel Bayerischer Hof. Bis vor der Corona-Pandemie stammten ein Viertel des Umsatzes aus Einnahmen der fünf Restaurants und Bars. Der Schriftsteller Erich Kästner speist als einer der ersten Gäste im Spiegelsaal. Viele andere Künstler und Intellektuelle folgen. Das erste Restaurant Münchens wird zum »Symbol von Hoffnung und Optimismus« – wie es in der Festschrift zum 175-jährigen Jubiläum des Hotels heißt. 1947 können Gäste schon zwischen dreizehn, allerdings unbeheizten Zimmern wählen.

»Selbstverständlich hat Helmut Dietl einige Szenen bei uns im Hotel gedreht«

Nach der Währungsreform geht es Schlag auf Schlag. Mit sicherem Gespür für die Wünsche der genussliebenden Nachkriegsgesellschaft macht Falk Volkhardt das Hotel Bayerischer Hof in den fünfziger Jahren zum Magnet für die Münchner wie internationale Gesellschaft. Hier steigen Münchens ausgelassenste und glanz-

falk's Bar

vollste Faschingsfeiern, bei denen der Hotelchef so gut verkleidet ist, dass ihn die eigenen Mitarbeiter nicht erkennen. Hier bewohnt die berühmte Schauspielerin Hildegard Knef, die mit der Nacktszene in dem melodramatischen Film »Die Sünderin« für den größten Skandal der Nachkriegsfilmgeschichte sorgte, monatelang eine Suite. Auf Bällen, Cocktailpartys und Bierproben – zwischen Filmsternchen, Playboys, gestandenen Münchnern, arabischen Scheichs, Dirigenten und exzentrischen Engländerinnen – findet der Klatschreporter Hannes Obermaier Stoff für seine tägliche Kolumne in der Abendzeitung.

Wie kaum ein anderer Ort symbolisiert der das Hotel Bayerischer Hof das lässige Münchner Lebensgefühl, das sich mit den Zeitläuften der Bundesrepublik wandelt, ohne sich anzupassen. Bestens karikiert in der Fernsehserie »Kir Royal« um den Boulevardreporter Baby Schimmerlos, dem Alter Ego von Hannes Obermaier, ständig auf der Jagd nach Seitensprüngen, Koks-Orgien und Liebeleien der Schickeria. »Selbstverständlich hat Helmut Dietl einige Szenen bei uns im

Hotel gedreht«, erzählt Innegrit Volkhardt, die sich als Fan des Regisseurs outet. »Erinnern Sie sich nur an die wunderbare Kult-Szene an unserem Pool, als Generaldirektor Heinrich Haffenloher versucht, Baby Schimmerlos zu kaufen«, so die Hotelmanagerin.

»Mein ganzes Leben besteht aus Herausforderungen und es gibt auf jede eine Antwort«

Filme werden im Hotel Bayerischer Hof nicht nur gedreht: Seit 1974 findet hier alljährlich der glamouröse »Deutsche Filmball« statt, auf dem bayerische Ministerpräsidenten ebenso über das Tanzparkett jagen wie die Faschingsprinzessin, Weltstars oder die »Oberen« des FC Bayern. Die langjährige Gesellschaftskolumnistin Marie Gräfin von Waldburg, die weltweit die wichtigsten Society-Events kennt, charakterisierte den »Deutschen Filmball«: »Weltstars wie Romy Schneider, Mario Adorf, Goldi Hawn, Klaus Maria Brandauer, Curd Jürgens, Maximilian Schell, Catherine Deneuve und Elke Sommer genossen das eigenwillige Ambiente zwischen internationalem Flair und köstlichem Lokalkolorit.«

Jede Hotelier-Generation setzt andere Akzente, fördert das, wofür sie besonders brennt. Innegrit Volkhardt liebt Jazz, seit sie sich mit acht Jahren ihre erste Schallplatte des Gitarristen John McLaughlin kaufte. »Als ich mit 22 Jahren Jan Garbarek spielen hörte, wusste ich: Jazz ist meine Musik«, sagt sie und fängt als BWL-Studentin an, Saxofon zu lernen. Heute sorgt sie dafür, dass im Night Club und Festsaal Jazz-, Blues-, und Latino-Legenden wie Tito Puente, Miriam Makeba und Charlie Haden spielten.

Musik liegt der Familie im Blut. Innegrit Volkhardts Großmutter Irene Schachinger, die aus einer bekannten Maler- und Musikerfamilie stammt, singt Opern und Konzerte. Damit sie im Hotel Bayerischer Hof auftreten kann, lässt ihr Mann, Hermann Volkhardt, einen Musiksaal bauen und veranstaltet klassische Konzerte. »Mein Vater hat den im Krieg zerstörten, später nicht mehr genutzten Konzertsaal zum Theater umbauen lassen«, erzählt Innegrit Volkhardt, »und damit das erste Theater in einem Hotel geschaffen«. 1961 eröffnet die »Komödie im Bayerischen Hof« – mit 575 Plätzen Münchens drittgrößtes Sprechtheater, das vom verwöhnten Münchner Publikum frenetisch gefeiert wird – insbesondere seit die kongeniale Prinzipalin Margit Bönisch bekannte Fernsehstars wie Joachim Fuchsberger, Friedrich von Thun, Uschi Glas, Christiane Hörbiger in Komödien, Shows und Musicals auf die Bretter holt. Seit ihrem Tod 2016 hat Thomas Pekny das nicht subventionierte Boulevardtheater übernommen.

Es ist ein Glück, dass die gut wirtschaftende Familie neben Kultur und Gastronomie stets auf die Reichen und Mächtigen setzte. Den Grundstein legte erneut Falk Volkhardt, der 1969 das baufällige Palais Montgelas am Promenadeplatz erwirbt, in dem einst Bayerns erster moderner Staatsmann Graf von Montgelas residierte. Zu der Eröffnung der Olympischen Spiele 1972 steigen hier, in den zurückhaltend wie vornehm restaurierten Räumen, erneut gekrönte Häupter und Staatspräsidenten ab.

Auch bei der seit den sechziger Jahren stattfindenden Sicherheitskonferenz spielt das Palais eine entscheidende Rolle. Jedes Jahr im Februar – zum Höhepunkt der Faschingssaison – findet das informelle Treffen der Sicherheitspolitik mit inzwischen rund 500 Gästen statt: Selbstverständlich war der US-Vizepräsident Mike Pence hier ebenso zu Gast wie der ehemalige amerikanische Außenminister Henry Kissinger, die EU-Ratspräsidentin Ursula von der Leyen und der Unternehmer und Milliardär Bill Gates. Für drei Tage gibt Innegrit Volkhardt das Hausrecht ab.

Das Nobelhotel verwandelt sich in einen Hochsicherheitstrakt mit strikten Eingangskontrollen, hunderten Bodyguards, Polizeisperren, kreisenden Hubschraubern und Gegendemonstrationen. Für 2021 rechnet Innegrit Volkhardt wegen der Pandemie damit, dass die Konferenz verkleinert mit zahlreichen Videotreffen stattfinden könne. »Mein ganzes Leben besteht aus Herausforderungen und es gibt auf jede eine Antwort«, fasst die Hotelmanagerin zusammen.

Die Corona-Krise hat sie vor eine besondere Aufgabe gestellt. So hat die Pandemie die Nobelhotels der Familie empfindlich getroffen. Die drei Monate des ersten Lockdowns verbringt Innegrit Volkhardt damit, Anträge auf Kurzarbeit zu stellen, Hygienkonzepte zu entwerfen und mit Versicherungen zu verhandeln. »Mir haben die Gäste und der Trubel massiv gefehlt«, sagt sie und fügt hinzu, dass das Schließen der Hotels für sie ein Schock gewesen sei. Im Juni 2020 musste sie 65 Prozent der Mitarbeiterinnen und Mitarbeiter in Kurzarbeit schicken, ob sie um Entlassungen herumkäme, wisse sie noch nicht. Schon jetzt rechnet sie mit einem Umsatzeinbruch für 2020 von 40 Millionen Euro. Da die Familie Immobilien in München besitzt, wie beispielsweise den »Gebrüder Volkhardt Groß- und Einzelhandel« und aus den Erlösen der Betriebe jedes Jahr 25 Prozent zurückgelegt habe, geht es nicht um die Existenz. »Ich bin aber sicher, dass sich das Hotelgewerbe erst 2022 erholt. Viele werden auch im kommenden Jahr vorsichtig sein.« Das internationale Publikum, insbesondere die arabischen Gäste, die früher mit Familie zum Gesundheitscheck nach München reiste, blieben fort. Im Sommer 2020 öffnen verschiedene Bereiche des Hotels Bayerischer Hof wieder. Und die Münchner kommen in »ihr« Hotel zurück. Trotz aller Unsicherheiten bewahrt sich die Unternehmerin ihre »hellen Gedanken«. Auch wenn sie sich zunehmend kritisch äußert, die verfehlte Verkehrs- und Stadtplanung der Münchner Regierung kritisiert und nicht glaubt, dass die Pandemie die Menschen zum Umdenken animiert.

Eine königliche Gründung für die Schickeria

Der bayerische König Ludwig I. setzte auf den Glanz seiner Hauptstadt. Dafür brauchte er neben Prachtstraßen, Staatsbibliothek, Feldherrnhalle und Ministerien vor allem eins: ein ebenbürtiges Hotel, in dem nicht nur er selbst baden, sondern Staatsgäste, Prominente und Künstler absteigen können. Auf königlichen Wunsch baut Münchens begehrter Baumeister Friedrich von Gärtner ein Hotel mit Grandezza, das 1841 feierlich eröffnet wird. In den Besitz der Familie Volkhardt kommt das Hotel 1897, als der Zuckerbäcker Hermann Volkhardt dieses für 2.850.00 Reichsmark erwirbt und es zum führenden Hotel am Platz für das wohlhabende Bürgertum und die Aristokratie aufbaut. Als der erfolgreiche Unternehmer 1909 stirbt, erhalten seine drei Söhne jeweils einen Weingroßhandel, das »Regina Palast Hotel« und das Hotel Bayerischer Hof, das an den Sohn Hermann fällt. Dieser und sein Sohn Falk bauen das zerstörte Haus nach 1945 wieder auf, das sich bald zum Treffpunkt der internationalen Hautevolee und der Münchner entwickelt. Heute gehört das Hotel zu den besten fünfzig Grandhotels der Welt in Familienbesitz und zu den zwei umsatzstärksten in Deutschland.

»Mir haben die Gäste und der Trubel massiv gefehlt«

INNEGRIT VOLKHARDT
Hotelbesitzerin

*1971

Douce Steiner
Restaurantbesitzerin und Zwei-Sterne-Köchin

»Sterne sind wunderbar«
Die Zwei-Sterne-Köchin Douce Steiner bringt Geschmacksnerven zum Glühen

Wer die wenigen Treppenstufen zum »Hirschen« in Sulzburg emporschreitet, die Holztür öffnet und durch den schmalen Flur zur Rezeption geht, wo die Eltern von Douce Steiner den Reisenden herzlich empfangen, fühlt sich so, als wäre er nach langer Zeit nach Hause gekommen. In der gläsern einsichtigen Küche schneidet der Ehemann von Douce Steiner konzentriert Karotte um Karotte und Zwiebel um Zwiebel. Claude Steiner flüstert ihrem Mann auf Französisch liebevoll etwas zu, worauf dieser einem Küchenmitarbeiter den Wink gibt, das Gepäck die gewundene Treppe hinauf in das Gästezimmer zu tragen. Dort verspricht ein weißbezogenes Federbett gute Nachtruhe. Auf dem Tischchen neben Pfirsichen und Trauben begrüßt den Gast ein frisch zubereitetes Gebäck. »Die Liebe zum Kochen und Genießen, der Respekt vor der Natur und vor dem, was sie uns schenkt, die Bewahrung der Bodenständigkeit sind die Schlüssel zum Glück«, liest der Gast auf einer Karte, die Douce Steiner in weißer Kochjacke zeigt und damit deutlich macht, wer im Restaurant und Hotel das Sagen hat.

2008 übernimmt die einzige deutsche Zwei-Sterne-Köchin mit ihrem Mann den »Hirschen« von ihren Eltern, die sich in 28 Jahren zwei Michelin-Sterne erkochten. »Mein Vater hat sich sofort in das Städtchen Sulzburg im Markgräflerland verliebt«, erzählt die schlanke Unternehmerin und ergänzt, dass das romantische Kleinstädtchen im Dreiländereck Gäste von Basel bis Freiburg und von Colmar bis Bregenz in seinen Bann zieht. Umgeben von sonnenverwöhnten Weinbergen, Pfirsich- und Zitronenbäumen, Spargelfeldern, Palmen, Hibiskus und Oleander atmet das Markgräflerland südländischen Flair. »Wenn Du wüsstest, was hier für eine Sonne ist. ...

Sie brennt nicht, sie liebkost«, schrieb der russische Dichter Anton Tschechow schon 1904 an seine Schwester über seinen Aufenthalt.

Das im Hochschwarzwald gelegene Sulzburg, eine der ältesten europäischen Bergbaustädte, überrascht mit der über 1.000-jährigen romanischen Klosterkirche St. Cyriak und einer noch erhaltenen Synagoge im neubarock-klassizistischen Mischstil. An eng gewundene Gässchen schmiegen sich alte Häuser. Wie sehr Wein hier eine Rolle spielt, zeigt das noble Palais eines zu Geld gekommenen Weinhändlers, in dem sich heute das Rathaus befindet. Hieran angrenzend das Auktionshaus Kaupp, eines der schönsten Versteigerungsfirmen Deutschlands im ehemaligen Regierungssitz des Markgrafen von Baden aus dem Jahr 1515. Douce Steiners Restaurant liegt schräg gegenüber in einem repräsentativen Bau aus dem 17. Jahrhundert, der seit Langem als Gasthaus genutzt wird.

Im »Hirschen« fühlen sich Gäste wie zuhause

Mit dem Slogan des Stadtmarketings »Drei starke Sulzburger Frauen« scheint es, als hätten vor allem die Frauen in Sulzburg und im benachbarten Laufen die Hosen an. Von hier stammt Josefine Schlumberger, die Deutsche Weinkönigin von 2015/16, die gemeinsam mit ihrem Vater das Weingut leitet. Am Stadtrand von Sulzburg liegt die berühmte Staudengärtnerei »Gräfin von Zeppelin«. 1926 erbte Helene von Zeppelin das Weingut ihrer Großmutter und verwandelte es in eine farbenprächtige Staudengärtnerei. Besonders liebte Helene Zeppelin blühende Irisfelder, weshalb sie als »Iris-Gräfin« in die Gartengeschichte einging. Heute leitet ihre Enkelin Aglaja von Rumohr die Gärtnerei. Mit über 2.500 Staudenarten verwandelt sie nicht nur Sulzburg in ein gelb-, rot-, lila- und orangefarbenes Blumenmeer, sondern sorgt auch im Restaurant »Hirschen« für den von Douce Steiner sorgfältig arrangierten Blumenschmuck.

Bei so viel südländischer Gelassenheit verwundert es nicht, dass auch Douce Steiner auf eine Küche ohne Stress setzt. »Ich war mein ganzes Leben im Stress und will so nicht mehr arbeiten«, erzählt die Spitzenköchin. Bewusst habe sie sich deshalb für ein Restaurant mit dreißig Plätzen und ein Hotel mit neun individuellen Gästezimmern entschieden, in dem es weder einen Wellnessbereich noch einen Fernseher gibt. »Mein Vater hat zunächst nicht verstanden, warum ich nicht in ein großes Hotel investiere«, sagt Douce Steiner und ergänzt, dass sie nur in einem kleinen Restaurant wie dem »Hirschen« auf ihre Weise kochen und ihre Ideen umsetzen könne.

Gäste sollen sich bei ihr wie in einem bodenständigen Gasthof, nicht wie in einem Feinschmeckerlokal fühlen und die besondere Atmosphäre des Hauses genießen. In der Tat strahlen die Gasträume mit dem grünen Kachelofen,

Gemälden von Austern, einem Zettel »Lass den Steiner lange leben, er kocht so gut«, das Flair eines alten Gasthauses mit Wohnzimmeratmosphäre aus, wofür auch die Teppiche sorgen. Nur die blütenweiße Tischdecke, das moderne Silberbesteck und uniformierte Servicekräfte erinnern daran, dass gleich ein Galamenü serviert wird.

»Meine Eltern haben mir beigebracht, dass wahre Lebensqualität nichts mit materiellen Gütern zu tun hat«

Die Leidenschaft für gutes Essen legen die Eltern ihrer einzigen Tochter mit dem seltenen Namen Douce in die Wiege. Douce bedeutet im Französischen »sanft« und leitet sich von einer Freundin ihrer in den Vogesen aufgewachsenen Mutter ab. »Ich habe von Kinderbeinen an gut gegessen«, so die zweisprachige Sterneköchin, die davon ausgeht, dass der Geschmacksnerv sich einerseits vererbt, andererseits auch geschult werden kann, wie sie von ihrer Tochter Justine weiß. Schon ihre Eltern lieben die Spitzengastronomie. Nach Jahren als Küchenchef in dem Plieninger »Hotel Traube« und dem Restaurant des Schlosses Solitude wagt das Gastronomen-Ehepaar Claude und Hans-Paul Steiner 1980 den Sprung in die Selbstständigkeit, verschuldet sich für das Restaurant und Hotel »Hirschen« und baut es in harter Arbeit und viel Geschmack zum Zwei-Sterne-Restaurant der französischen Spitzenküche aus. »Mein Vater war oft im Stress und mit Einkaufen, dem Kreieren von Menüs, Kochen und Buchhaltung beschäftigt«, erinnert sich Douce Steiner an ihre Jugend, die sie früh selbstständig werden ließ. Hans-Paul Steiner kocht aus Leidenschaft. Lebensqualität, nicht Geldverdienen steht im Mittelpunkt. »Meine Eltern haben mir beigebracht, dass wahre Lebensqualität nichts mit materiellen Gütern zu tun hat, sondern es im Leben um Zuverlässigkeit, Vertrauen und Ehrlichkeit geht.«

Essen ist deshalb für Douce Steiner ein gekonntes Spiel mit allen Sinnen, das an die Vertrautheit von Familie und Freunden erinnert und stets dem Zusammensein, der Plauderei und dem Glücklichsein dient. So kennt sie es aus ihrer Kindheit, wo sie die verschiedenen Kochtraditionen der deutschen wie der französischen Küche faszinierten. Während ihre deutsche Oma sie mit sauren Kutteln, Maultaschen mit Kartoffelsalat und Königsberger Klopsen mit Kapernsauce verwöhnt, tischt die französische Großmutter gerne ein Vier-Gänge-Menü auf, das mit einer Pâté en croûte beginnt und mit einer Tarte und anschließend Käse endet. Douce Steiner bevorzugt wie ihre Mutter Claude, eine französische Modedesignerin, die französische Variante. »Eigentlich ging es bei uns immer ums Essen«, sagt die Sterneköchin ohne jede Allüren. Und so verwundert es nicht, dass sie sich schon im Alter von zwölf Jahren im noblen »Auberge de l´Ill« um eine zukünftige Stelle als Köchin für 1991 bewirbt. Die »negative Antwort« beirrt sie nicht. Schließlich beginnt sie nach dem Realschulabschluss und drei Monaten in Oxford eine Lehre bei ihrem Vater, nachdem ihr alle einschlägigen Nobelrestaurants eine Absage erteilen. Ob hierbei eine Rolle spielte, dass sie eine junge Frau ist, lässt sie offen. Bis weit in die neunziger Jahre hinein dominieren männliche Spitzenköche die Gourmetküche, die sich durch lange wie stressige Arbeitszeiten und einen rauen Umgangston auszeichnet. Auch wenn Douce Steiner als Tochter eines Sternekochs aufwächst, muss sie sich ihren späteren Erfolg gegen viele Widerstände selbst hart erkämpfen. Nach der Lehre in Sulzburg wechselt sie mit 19 Jahren zu dem Drei-Sterne-Koch Georges Blanc nach Vonnas, wo sie als einzige Frau unter 44 Köchen viele Stunden pro Tag arbeitet. »Diese Zeit war für mich sehr hart«, sagt sie und erinnert sich daran, das ein oder andere Mal sabotiert worden zu sein. Mal ist der

Gärschrank für die Croissants ausgestellt, mal hat die Eismaschine auf einmal keinen Boden. Zudem hat man die ambitionierte Jungköchin in einer schäbigen Unterkunft in einem Obdachlosenheim untergebracht.

Trost geben ihr Restaurantbesuche mit Froschschenkeln, einem Poulet à la Crème und einer Flasche Wein aus dem Mâconnais. Außerdem lernt die junge Köchin, die als Kind ein Faible für Eiscreme besitzt, die hohe Kunst der Patisserie und stellt deliziöse Tartes, Petit Fours und Mousses her, die noch heute ihre Küche beeinflussen. Und sie lernt, sich mit dem ihr eigenen Willen zu behaupten, was ihr schließlich sogar die Achtung von Georges Blanc einbringt. Heute ist sie in der Küche, am Pass, so souverän die Chefin, dass die Mitarbeiterinnen und Mitarbeiter von ihr nur klare Anweisungen erwarten und den Schneebesen oder das Tranchiermesser sofort ruhen lassen, wenn sie spricht.

Wie kaum anders möglich, lernt sie ihren künftigen Mann Udo Weiler in der Küche kennen, und zwar in der renommierten »Schwarzwaldstube« des Spitzenkochs Harald Wohlfahrt, wo beide - sie nach einer Zwischenstation bei Fritz Schilling - arbeiten. Der Heiratsantrag kommt beim ersten gemeinsamen Urlaub auf Sylt als das frischverliebte Paar beim Frühstück sitzt. Noch heute zelebriert die Familie Steiner an freien Tagen mit einem 5-Minuten-Ei, frisch gepresstem Orangensaft und einem 24 Monaten gereiften Gruyère den Beginn des Tages. Einfach ist es für das junge Paar zunächst nicht. Douce Steiner will nicht in die Eifel ziehen, wo die Familie ihres Mannes ein Hotel besitzt. Für zwei Gourmetköche Stellen an einem Ort zu finden, erweist sich als unmöglich.

Schließlich einigen sich beide darauf - nach einem Jahr auf der Heidelberger Hotelfachschule - zunächst auf Probe als Angestellte in Sulzburg zu arbeiten. Ihr Vater will seinen künftigen Schwiegersohn als Nachfolger aufbauen. Doch Udo Weiler zieht die zweite Reihe vor und überlässt seiner tatkräftigen Frau den Vortritt - ohne zurückzustecken. Mehr und mehr nimmt Douce Steiner das Heft in die Hand und erobert sich den Pass zwischen Küche und Service, bis sie sich schließlich als wohl konzipierte Marke kreiert. Ihr Name, geschrieben in einer selbstbewussten, souveränen Handschrift, grüßt von der Speisekarte bis zum Webauftritt. Es gehört zu den Geheimnissen ihres Erfolgs, dass sie als Perfektionistin nichts dem Zufall überlässt.

»Mein persönliches Glück bist vor allem Du, liebe Justine....«

Bis die Familie sich zurechtgerüttelt, jede und jeder ihren und seinen Platz gefunden hat, dauert es eine Zeit. Im Nachhinein betrachtet war die Übernahme ganz und gar »nicht witzig«. Ihr Mann habe sich dem Dreigestirn der Steiners gegenübergesehen, und für ihren Vater sei es nicht einfach gewesen, sein Lebenswerk loszulassen. »Als wir 2008 das Restaurant übernommen haben, ging mein Vater in Kochklamotten von Tisch zu Tisch und begrüßte die Gäste«, erinnert sich Douce Steiner, worauf ein Gast zu ihr gesagt habe: »Nett, dass Sie hier lernen.« Nach einem heftigen Krach mit ihrer Mutter habe der Vater schließlich die Kochschürze ausgezogen. Beide sind inzwischen sehr stolz auf den Erfolg ihrer Tochter. »Ein Familienbetrieb verlangt Arbeit von allen Seiten, doch wenn man es geschafft hat, sich zusammenzufinden, gibt es nichts Schöneres«, sagt Douce Steiner, für die die Familie an erster Stelle kommt. »Mein persönliches Glück bist vor allem Du, liebe Justine....«, heißt es in ihrem sehr persönlich gehaltenen Kochbuch »Rezepte fürs Leben« für ihre Tochter Justine, die inzwischen ebenfalls eine Lehre im »Hirschen« begonnen hat. »Meine Tochter soll schauen, ob ihr der Beruf der Sterneköchin liegt«, meint Douce Steiner, die sich genauso gut vorstellen kann, dass Justine Sprachen studiert.

Auch Restaurantkritiker und Gäste sind nach der Übernahme zunächst kritisch. 2010 verliert der »Hirsch« unter Douce Steiner den zweiten Stern. »Am Anfang war ich sehr traurig«, erinnert sich die Spitzenköchin, »im Nachhinein aber ist es gut gewesen«. Denn nur so habe sie sich befreien und ihren ureigenen Stil finden können, der heute ihre Gäste begeistert und die FAZ zu der Aussage bringt, Douce Steiner sei die einzige Frau, die eine Haute-Cousine-Dynastie begründen könne. Wer im stets gut besuchten »Hirschen« einkehrt, erlebt, wie Douce Steiner die traditionsreiche Sterneküche ihres Vaters ebenso variantenreich wie fantasievoll in die Zukunft geführt hat. So versteht sie es, eine Geschmacksexplosion im Mund zu erzeugen, indem Aroma sich zu Aroma gesellt, perfekt harmoniert, ohne dem Tellerhauptdarsteller die Show zu stehlen. Das Erbsenravioli wird beispielsweise geschickt mit Melisse, frischen Erbsen und Haselnüssen variiert. Sahne und Crème fraîche werden durch Sud, Fonds und Essenzen ersetzt. Jede Zutat, sei sie noch so ungewöhnlich, wirkt für sich, stammt von langjährig bekannten Bäckern, Fischhändlern oder vom Großmarkt im benachbarten, elsässischen Mülhausen.

Douce Steiners Küche verlangt nach mediterraner Leichtigkeit, weshalb frisches saisonales Gemüse und Meerestiere vom Hummer bis zur Languste ganz oben auf der Karte stehen. Diese werde auch schon einmal in einem Spitzkohlblatt serviert - was für Mut und einen eigenen Stil in der Küche spricht. Dabei kommt Douce Steiners genussreiche Küche schnörkellos daher. Auf Verzierungen der Teller verzichtet sie zugunsten fast bauhauslicher Ästhetik. Alle vier bis sechs Wochen wechselt die Karte. Zuvor wird jedes Gericht ausprobiert und in der Familie diskutiert, wobei sich das Ehepaar Steiner bei seinen häufigen Restaurantbesuchen gerne inspirieren lässt. »Ich will, dass meine Gäste einen schönen Abend ohne Stein im Magen haben«, sagt Douce Steiner, als sie am Ende des achtgängigen Menüs - nach einer Reihe wunderbarer Desserts - mit dem traditionellen Käsewagen am Tisch vorbeikommt. Zuvor haben zwei französisch-sprechende Mitarbeiterinnen den Wunsch eines jeden Gastes von den Augen gelesen, jede Zutat mit Freude und Wissen kommentiert. »Ich lege sehr großen Wert auf Respekt und gute Umgangsformen in der Küche«, erzählt Douce Steiner, die von ihrem Personal wegen ihres Führungsstils, der angemessenen Bezahlung und der schönen Atmosphäre im Restaurant geschätzt wird. »Meine rund zwanzig Mitarbeiter und Mitarbeiterinnen, darunter viele junge Leute, stehen alle hinter mir«, erzählt sie und ergänzt, dass einige schon über dreißig Jahre für die Familie arbeiteten. Gleich nach der Übernahme 2008 führt Douce Steiner die Viertagewoche und sechs Wochen bezahlten Jahresurlaub ein.

Wie sich Altes und Neues mischen lässt

Ansonsten vollziehen sich Änderungen organisch. Während bei den Eltern die Gaststuben überladen waren, bringt die Tochter frische Luft herein, hängt weniger Bilder befreundeter Künstler auf. Sie sorgt für neue Lampen und Vorhänge. Sukzessive werden in den Ferien die Gästezimmer renoviert, aber erst dann, wenn es genügend Rücklagen gibt. Zeichen, wie gut sich Altes und Neues mischen lässt. »Ich habe mich immer getraut, etwas zu verändern und dadurch viel gelernt«, resümiert Douce Steiner, die dem Stress bei Joggingrunden durch die Weinberge davonläuft. Diese positive Lebenseinstellung, die Krisen zu Chancen werden lässt, kommt der unprätentiösen Sterneköchin auch während der Corona-Pandemie 2020 zugute. Zunächst erweist sich die Schließung von Restaurant und Hotel im März für sie als Schock. Erstmals in ihrem Leben weiß sie nicht weiter, reagiert auf die Unsicherheit der Politik wie ein »angestochenes Huhn, das keine Ruhe findet«. Obgleich sie ausreichend Rücklagen gebildet hat, niemanden entlassen muss, habe sie sich »wahnsinnige Gedanken um die Zukunft gemacht«.

Dabei unterstützen sie die Sulzburger zunächst, die begeistert sind, als die Mitarbeiterinnen und Mitarbeiter des »Hirschen« frisch zubereitete Perlhühner und Langusten an einem Stand vor dem Restaurant verkaufen. »Wir haben alles Zeug herausgehauen«, erinnert sich Douce Steiner an die Spontanaktion. Doch als das Restaurant das nächste Mal einfachere Gerichte wie Rehragout und Spätzle anbietet, reagiert die Bevölkerung enttäuscht. Anlass genug für die Sterneköchin, sich grundsätzlich zu überlegen, wie sie arbeiten und leben möchte. Sie beschließt, mehr Respekt für ihren hohen Service und ihre exquisite Leistung einzufordern und endlich mehr Grenzen zu setzen, was sie schon lange geplant hatte: Das Essen à la carte wird ebenso abgeschafft wie das Menu du jour. Wer künftig im »Hirschen« essen will, zahlt mehr. »Wegen Corona haben wir die Tische reduziert, weshalb viele den Service und das Essen als noch gediegener wahrnehmen als vor der Krise«, äußert sich Douce Steiner erfreut, für die die Pandemie letztendlich zu mehr Freiheit und Selbstbestimmung führt.

Den Mut, Dinge zu ändern, die nicht mehr passen, hat in der Regel jemand, der sich selbst vertraut und seinen Wert kennt. Douce Steiner, die selbstbewusst beschloss, in ihrem Restaurant Regie zu führen und ihre beliebten Kochbücher selbst zu schreiben, statt in Kochshows zu reüssieren, hat diesen Mut. Vielleicht, weil sie sich als Frau in einer Männerdomäne willensstark erfolgreich durchgesetzt hat. »Wer sich als Frau in der Spitzengastronomie mit Familie behaupten will, braucht ein eigenes Restaurant«, äußert Douce Steiner. Die meisten erfolgreichen Spitzenköchinnen, wie Tanja Grandits oder Sarah Wiener, verfolgten genau dieses Konzept. »Was bedeuten Sterne?«, fragt die Mutter von Justine in dem ihr gewidmeten Kochbuch, um über Sterne am nachtklaren Himmel und in der Schule zu philosophieren. Dann kommt sie zu dem einfachen Schluss: »Sterne sind wunderbar«. Und sie und ihr Mann haben jeweils einen.

Köchinnen, die nach den Sternen greifen

Der raue Umgangston, die starke Konkurrenz, familienfeindliche Arbeitszeiten, übersteigerte Erwartungshaltungen – es gibt vermutlich einige Gründe, warum so wenig Köchinnen im deutschsprachigen Raum Sterneköchinnen werden. Fakt ist: Eine Drei-Sterne-Köchin gibt es nicht. Die einzige Zwei-Sterne-Köchin Deutschlands, Douce Steiner, kocht in ihrem eigenen Restaurant in Sulzburg. Im »Ein-Sterne-Bereich« liegt der Frauenanteil bei rund drei Prozent. Dabei sind es schon im 18. Jahrhundert vor allem Köchinnen, die in Adelshäusern mehrgängige Menüs auf den Tisch zaubern. Mit dem Starkult der Küche schlägt die Stunde der Männer. Heute zelebrieren mehr und mehr Frauen, wie Sarah Wiener, Cornelia Poletto, Sarah Henke oder Maike Menzel, selbstbewusst ihren eigenen Stil im eigenen Restaurant.

Douce Steiner mit Tochter Justine, die im »Hirschen« ihre Ausbildung absolviert

Beherzt Chancen ergreifen

Als Tochter oder Ehefrau den BETRIEB IN DIE ZUKUNFT *führen*

Wo Nachfolgerinnen ihre eigene Tradition entwickeln

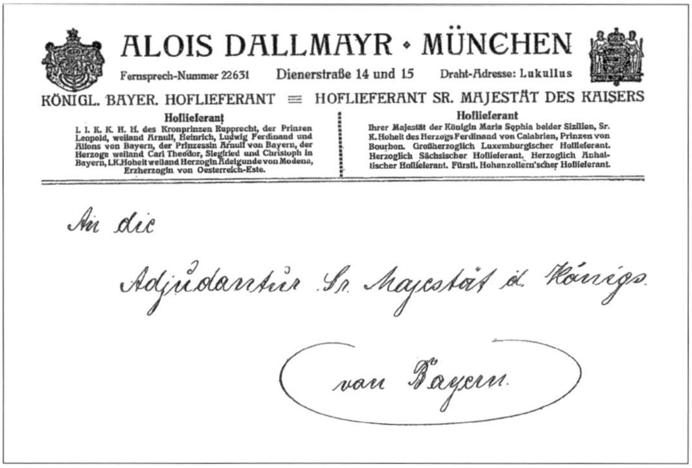
ALOIS DALLMAYR • MÜNCHEN

Fernsprech-Nummer 22631 Dienerstraße 14 und 15 Draht-Adresse: Lukullus

KÖNIGL. BAYER. HOFLIEFERANT = HOFLIEFERANT SR. MAJESTÄT DES KAISERS

Hoflieferant
I. I. K. K. H. H. des Kronprinzen Rupprecht, der Prinzen Leopold, weiland Arnulf, Heinrich, Ludwig Ferdinand und Alfons von Bayern, der Prinzessin Arnulf von Bayern, der Herzoge weiland Carl Theodor, Siegfried und Christoph in Bayern, I.K.Hoheit weiland Herzogin Adelgunde von Modena, Erzherzogin von Oesterreich-Este.

Hoflieferant
Ihrer Majestät der Königin Maria Sophia beider Sizilien, Sr. K. Hoheit des Herzogs Ferdinand von Calabrien, Prinzen von Bourbon. Großherzoglich Luxemburgischer Hoflieferant. Herzoglich Sächsischer Hoflieferant. Herzoglich Anhaltischer Hoflieferant. Fürstl. Hohenzollern'scher Hoflieferant.

An die

Adjudantur Sr. Majestät d. Königs

von Bayern.

Therese Randlkofer *Feinkost-Inhaberin*

* 1847 – † 1924

Von Orangen und Wildenten *Therese Randlkofer baut Dallmayr zum führenden Delikatessenladen Europas aus*

Eine alte Fotografie von Anton und Therese Randlkofer zeigt das Ehepaar in festlichem Gewand, wie beide in die gleiche Richtung schauen. Mit ihren hochgesteckten Haaren und dem geschlossenen Kleid würde der Betrachtende meinen, es handle sich bei Therese um eine gutbürgerliche Ehefrau – tatsächlich baute die mehrfache Mutter nach dem frühen Tod ihres Mannes Dallmayr aber erst zu einem der führenden Delikatessengeschäfte Europas aus. Das Ehepaar hatte den florierenden Delikatessenladen, der Kolonialwaren verkauft, 1895 in der Münchner Dienerstraße von dem Kaufmann Alois Dallmayr übernommen und dessen Namen beibehalten. Hierfür hatten die Randlkofers ihr bisheriges Geschäftshaus in der Münchner Maffeistraße an die Bayerische Vereinsbank verkauft.

Schon eineinhalb Jahre nach dem Erwerb von Dallmayr stirbt Anton Randlkofer jedoch und hinterlässt seine Frau mit fünf Kindern. Statt zu verzweifeln, entwickelt die 1847 geborene Therese Randlkofer einen ungewöhnlichen Geschäftssinn und prägt mit ihrem Geschmack und Stil das Geschäft. So setzt sie von Beginn an auf ein erlesenes Publikum aus Adel und Bürgertum. Dallmayr – so ihr Kalkül – steht nicht nur für exquisite Delikatessen aus aller Welt, sondern auch für »hochadlige Beziehungen« und »Internationalität«. Schon ihrem Mann war der Titel »Königlich Bayerischer Hoflieferant« verliehen worden. Therese Randlkofer setzt auch hier sein Werk fort und wirbt 14 weitere Hoflieferanten-Titel ein, die das Geschäft für Adel und Besitzbürgertum interessant werden lassen. Den Anfang machen die Prinzen Alfons und Ludwig Ferdinand von Bayern. Bis schließlich sowohl der bayerische König als auch der deutsche Kaiser Wilhelm II. Therese Randlkofer zur Hoflieferantin ernennen. Dabei bietet Dallmayr so manchen seltenen Leckerbissen an wie Bananen, Mangos, Litschis und Tomaten.

Auch das Austernschlürfen ist angesagt, wovon Prinzregent Luitpold von Bayern ausgiebigen Gebrauch macht. Die Küche hat einen ausgesprochen guten Ruf, sodass sich sogar die Köche des bayerischen Königshofs Rat und Rezepte bei der resoluten Therese Randlkofer holen. Ein Graf Knyphausen bestellt französischen Tischwein, die Törringsche Gutsverwaltung Walnussöl, die Hofküche der Königin Marie von Neapel

Die Innenräume des Hoflieferanten Dallmayr

Birnen, Orangen, Sultaninen und Honig. Und an die Adjutantur des Königs von Bayern wird noch im Ersten Weltkrieg ein Geschenkkorb geliefert, der eine Wildente, Leberpastete, eine Tüte Bonbons und Schokolade enthält.

Die kreative Witwe und ihre famosen Ideen

Das Geschäft gedeiht, Therese Randlkofer kann das Haus in der Dienerstraße um das Vierfache erweitern und lässt die charakteristischen Säulen und Spitzbögen im Inneren des Gebäudes freilegen. Bis 1912 kauft sie noch drei Nachbargrundstücke hinzu und gibt damit dem Delikatessengeschäft sein heutiges Aussehen. In dem Traditionsunternehmen sind 1909 rund siebzig Mitarbeiterinnen und Mitarbeiter beschäftigt, die zwischen vier und 28 Mark in der Woche verdienen. Therese Randlkofer hat es mit ihren Ideen geschafft, die Firma Dallmayr in die Zukunft zu führen und die erlesene Kundschaft mehr als zufrieden zu stellen. So bestätigt ihr beispielsweise der königlich-bayerische Obersthofmarschall-Stab 1911, dass die Lieferungen »stets in tadelloser Weise ausgeführt wurden«.

Wie innovativ die Witwe dabei zu Werke ging, beweist die Erfindung des kalten Buffets, das im Laden appetitanregend aufgebaut wird: Um Reste wie Schinkenstücke weiterverwerten zu können, entwickelt Therese Randlkofer kalte Delikatessensalate, die sich großer Beliebtheit erfreuen. Zum Teil stammen die Zutaten von dem Goldachhof im Erdinger Moos, den Therese Randlkofer 1905 erwirbt, um eigenes Geflügel zu züchten, Gemüse anzubauen und eine Bienenzucht aufzubauen und um Dallmayr mit Rind- und Schweinefleisch sowie Wild zu versorgen. Außerdem errichtet sie dort ein eigenes kleines E-Werk, was ihre Affinität für Technik zeigt. Modern ist auch ihr ausgeklügeltes Marketing, das Dallmayr früh zu einer angesehenen wie begehrten Marke macht. Durch München lässt sie eine auffallende Kutsche mit goldenen Dallmayr-Buchstaben und livriertem Diener fahren. Eine elektrische Leuchtreklame schmückt die Dallmayr-Fassade - sehr zum Empören der Bürgerschaft, da sie wohl die erste in München Anfang des 20. Jahrhunderts war.

Bei all der Arbeit vergisst die resolute Witwe nicht den Genuss. So erwirbt sie beispielsweise das Sommerhaus des bayerischen Politikers Johann von Lutz am Starnberger See, wo sie ihre große Familie versammelt. Auch trifft sie sich gerne im Münchner Kaufmanns-Casino und schätzt es, den Hauch der großen weiten Welt über die Hoflieferanten in ganz Europa zu sich nach München zu holen.

Mit gutem Geschmack, Stil, Tradition und großer Freude zum Genuss

Die Mischung aus Modernität und Tradition, für die Dallmayr steht, behält Therese Randlkofer auch nach Ende des Ersten Weltkriegs bei, obgleich es zu erheblichen Geschäftseinbußen kommt, da das Vermögen vieler Bürgerinnen und Bürger sowie Adliger empfindlich geschrumpft ist. Therese, die 1916 für ihre Verdienste um die Heeresversorgung sogar das König-Ludwig-Kreuz für Heimatverdienste erhält, führt nun den Titel »Ehemalige königlich-kaiserliche Hoflieferanten«. Ein Jahr nach Ende des Weltkriegs übergibt Therese Randlkofer das Geschäft an ihre drei Söhne Fritz, Hermann und Paul. Sie stirbt 1924 in München.

Dallmayr heute

Aus Therese Randlkofers Unternehmen entwickelte sich das heute noch berühmte Delikatessengeschäft im Herzen Münchens mit eigener Gastronomie und Eventcatering - beispielsweise in Theater und Oper. Das Restaurant »Alois« mit zwei Michelin-Sternen sowie das Café-Bistro Dallmayr und das Dallmayr Bar & Grill erfreuen sich großer Beliebtheit. Automatenservice und das Kaffeegeschäft gehören zu den beiden am Besten florierenden Geschäftszweigen: So stehen die Kaffeemarken Prodomo, Capsa und Crema sowie die über 90.000 Kaffee-, Kaltgetränke- und Snackautomaten für Genuss. »Dallmayr Kaffee« zählt zu der beliebtesten deutschen Kaffeemarke. Weltweit beliefert Dallmayr 18 Länder bis in die Vereinigten Arabischen Emirate. In das auch aus der Werbung bekannte Stammhaus strömen jährlich 2,8 Millionen Menschen aus aller Welt - Touristen wie Einheimische. Das Unternehmen mit seinen rund 4.000 Mitarbeiterinnen und Mitarbeitern und einem Jahresumsatz von rund 900 Millionen Euro produziert jährlich rund 57.000 Tonnen Röstkaffee und befindet sich nach wie vor in Familienbesitz.

Juliane Eller
Winzerin

* 1990

»Wein ist mein Leben«
Juliane Eller krempelt das elterliche Weingut um und kreiert Spitzenweine

»Wein ist meine Berufung, und ich liebe es, im Weinberg zu sein«, erzählt die Winzerin Juliane Eller auf ihrem Weingut, das außerhalb von Alsheim in Rheinhessen liegt. Bislang fuhren Weinkenner nicht in das kleine Örtchen nahe von Oppenheim, waren doch die rheinhessischen Weine jahrzehntelang als zu süß verschrien. Das hat sich gewandelt. Eine junge Generation von akademisch gebildeten Winzern und Winzerinnen setzt auf Qualität statt Quantität und hat sich von der Massenabfertigung des Fassweines verabschiedet. Juliane Eller gilt inzwischen als Shootingstar unter den dortigen Winzerinnen. »Als ich nach dem Studium in Geisenheim mit 23 Jahren nach Hause zurückkam war für mich klar, dass ich den elterlichen Betrieb komplett würde umkrempeln müssen, auch wenn meine Eltern eine wunderbare Basis hierfür gelegt hatten«, erklärt die selbstbewusste Winzerin, die das Weingut in dritter Generation führt.

In nur sieben Jahren stellt sie den bislang traditionell arbeitenden Betrieb Stück für Stück auf biologischen Weinbau um: Kunstdünger ist tabu, der Wein wird mit der Hand gepflückt und nicht mit der Maschine, obgleich dies rund 100 Mal mehr Zeit in Anspruch nimmt und vor allem »unfassbar teuer« ist. Im Keller ersetzen Holzfässer und Edelstahltanks die alten glasfaserverstärkten Kunststofftanks, um den natürlichen Gärungsprozess zu fördern. Außerdem tauscht Juliane Eller mit anderen Winzern Hänge, da sie für die fünf Rebsorten, die sie anbaut, mit alten Rebstöcken eine höhere Qualität anstrebt. »Für mich war klar, dass ich einen hochwertigen, trockenen Qualitätswein erzeugen will«, berichtet sie, deshalb habe sie von Fassweinen auf Flaschenweine und von 35 Rebsorten auf fünf, nämlich Silvaner, Grau-, Weiß-, Spätburgunder und Riesling umgestellt. »Früher waren in Rheinhessen Weine traditionellerweise deutlich süßer«, berichtet Juliane. Auf einer Fläche von rund 20 Hektar produziert sie jährlich rund 80.000 bis 100.000 Flaschen Wein – ohne Herbizide und in süffiger, erdig-eleganter Qualität.

Um ihre Ideen durchzusetzen, kreiert Juliane Eller gleich nach ihrer Rückkehr auf den elterlichen Hof eine neue Weinlinie, den »Juwel-Wein«. Der Name, der sich aus den Initialen ihres Vor- und Nachnamens zusammensetzt mit dem »W« für Wein in der Mitte, sei ihr bei einem

Gang mit dem Familienhund durch den Wingert eingefallen. »Trauben sind für mich wie rohe Diamanten, die geschliffen einen unverwechselbaren Geschmack ergeben«, erklärt die Winzerin mit leicht rheinhessischem Idiom den Namen ihrer Linie. Sie habe einfach angepackt und losgelegt. Schließlich habe sie klare Vorstellungen davon, wie es funktionieren könne. »Selbstverständlich hatte ich beim Entwickeln einer Weinlinie mit allem Drum und Dran die eine oder andere schlaflose Nacht«, gesteht sie und ergänzt, dass bei der anfänglich kostenintensiven Umstellung des Betriebes vor allem auch der finanzielle Druck für die ganze Familie sie belastet habe. »Am Anfang habe ich meine Familie einfach nur wahnsinnig viel Geld gekostet«, erinnert sie sich. »Für mich war es fantastisch, dass meine Eltern voll hinter mir gestanden haben«, erzählt sie lächelnd. »Ich hätte nicht gewusst, ob ich das ohne sie gekonnt hätte.«

»Ich wusste erst, wie sehr ich an Alsheim hänge, als ich weit weg war«

Anfänglich habe ihr Vater gesagt, sie könne alles machen, nur nicht auf biologischen Weinbau setzen und »genau das habe ich gemacht«. Ob sie das elterliche Weingut einmal übernehmen würde, war für sie offen. Nach dem Abitur will sie zunächst aus dem beschaulichen Alsheim fort, in dem es kaum Restaurants, geschweige denn eine Disco oder ein Kino gibt. Sie fliegt für ein Jahr nach Australien, jobbt, ist begeistert von der Landschaft der Westküste und von dem Outback mit dem roten Zentrum, der jahrtausendealten Tradition der Aborigines. Zwei Wochen verbringt sie dort ohne Handy in der Wüste und genießt die Weite der Natur mit ihrer Stille. »Ich wusste erst, wie sehr ich an Alsheim hänge, als ich weit weg war.« Ursprünglich hatte sie überlegt, Sport in Köln zu studieren.

»Mein Vater wurde früher dafür bedauert, dass er keinen Sohn hat«

Sie entschließt sich jedoch, den elterlichen Betrieb zu übernehmen und macht zunächst ein einjähriges Praktikum im Spitzenweingut von Klaus Peter Keller. »Ich habe bei Keller in dem einen Jahr den ganzen Prozess des Weinmachens durchlaufen und wusste danach, dass ich unbedingt Winzerin mit einem hohen Qualitätsanspruch werden möchte«, blickt sie zurück. Der Spitzenwinzer habe ihr geraten, die besten Weine der Welt zu probieren, um den eigenen Geschmack zu trainieren. Um Weinbau von der Pike auf zu lernen, studiert sie Weinbau und Önologie an der renommierten Hochschule in Geisenheim - ein Studiengang, in dem inzwischen über die Hälfte der Studierenden Frauen sind. »In Geisenheim habe ich mich ganz intensiv mit Weinbau befasst und hatte dann so viele Ideen, was man in unserem Familienbetrieb anders machen kann«, erzählt sie von ihrer Studienzeit. Hier lernt sie weitere Winzertöchter kennen, die heute große Betriebe leiten, mit denen sie bis heute befreundet ist und die sich gegenseitig unterstützen.

»Mein Vater wurde früher dafür bedauert, dass er keinen Sohn hat«, berichtet sie lachend und fügt hinzu, dass er inzwischen für seine beiden Töchter beneidet werde. Anfangs seien die Eltern aber durchaus skeptisch gewesen, ob ihre Tochter das Weingut mit ihren Neuerungen würde durchbringen können. »Ich habe mich damals durchgebissen«, erzählt sie, »und unfassbar hart gearbeitet«. Heute leitet sie die Geschicke des Weinguts eigenständig und erfolgreich. »Wir sind immer noch mitten im Umbruch«, sagt sie, »und wachsen als Betrieb weiter«.

Bis in die neunziger Jahre hinein sind Winzerinnen in Deutschland die Ausnahme. Den Töchtern wird der Knochenjob eines Winzers nicht zugetraut, schon gar nicht auf dem Traktor zu sitzen und Weinkisten zu wuchten, weshalb die meisten Weingüter mit der Ehefrau im Hintergrund funktionierten, die bei der Weinverkostung die Leberwurstbrote schmierte. »Hiervon sind wir zum Glück inzwischen weit entfernt«, sagt Eller und ergänzt schmunzelnd, dass das Weingut vor allem ein reiner Frauenbetrieb sei. Die Oma koche für die ganze Familie, die Mutter kümmere sich um Kunden und Büro, die Schwester manage den Exportmarkt und sei die rechte Hand für Marketing und Vertrieb. Und dann gäbe es noch zwei weitere Frauen für die Buchhaltung und einen jungen Mann als Unterstützung für den Außenbetrieb - und nicht zu vergessen die Familienhündin. »Wir arbeiten alle perfekt generationsübergreifend zusammen«, erläutert Juliane Eller das familiäre Zusammenspiel, betont aber, dass es wichtig sei, dass man getrennt wohne und der »Papa inzwischen komplett losgelassen hat«.

Gut findet sie, dass ihre Generation mittlerweile eng zusammenarbeitet und sich unterstützt, während frühere Generationen sich noch im Konkurrenzkampf aufgerieben hätten. »Für meine Eltern wäre es undenkbar gewesen, dass wir jungen Winzer uns zu der ›Generation Riesling‹ zusammenschließen«, sagt Juliane Eller, zu dem Netzwerk der Generation Y. Aktiv ist die

Das Feld in prachtvoller Weite mit satten Weinreben - der Lieblingsplatz der Winzerin

smarte Winzerin auch bei »Weinblick5«, ein Verein von jungen Winzerinnen und Winzern, die den Rheinhessenwein populärer machen wollen. Viele unter fünfunddreißig stehen vor ähnlichen Problemen und müssen mit der durch den Klimawandel bedingten Hitze und Unwettern umgehen.

Sie kreiert eine junge Marke und begeistert eine jüngere Zielgruppe für ihre Weine

Nach langen, anstrengenden Tagen streift sie gerne mit dem Hund durch den Wingert, wo sie die Natur genießt – ohne ständig vom Handyklingeln gestört zu werden. »Für mich ist es wunderbar, eins mit der Natur zu sein, und ich liebe den Weinbau als ein traditionelles wie penibles Handwerk.« Ähnlich still wie im Weinberg ist es nur im Weinkeller – wenn Juliane Eller nicht ihre Musikanlage laufen lässt. Dort arbeitet sie besonders gern, fokussiert sich auf den Geschmack des neuen Weins – und greift so wenig wie möglich in den Gärungsprozess ein. Zusatzstoffe lehnt Juliane Eller ab, dafür werden die Weine spontan mit wilder Hefe vergoren. »Ich habe kein gutes Gefühl, ein chemisches Pulver in den Tank zu schütten«, sagt Juliane Eller selbstbewusst wie lässig und erläutert, wie sie am Anfang nächtelang im Keller filtriert habe, um mit der perfekten Traube einen geschmackvollen und besonderen Wein zu bekommen. Inzwischen habe sie eine klare Vorstellung davon, wie ein Wein schmecken solle.

Das stetige und extreme Streben nach hoher Qualität im Weinbau wird früh honoriert. Bereits mit dem vierten Jahrgang erhält sie schon die »zweite Traube« im renommierten Restaurantführer Gault & Millau, das Nachrichtenmagazin Focus setzt ihren 2013er Weißburgunder auf die Top-Ten-Liste des Focus-Weintests. 2014 vertreibt sie ihre Weine schon nach New York, Bangkok und Kopenhagen, die dort in Zwei-Sterne-Restaurants zum Essen serviert werden. »Wir haben unseren Export ins Ausland fast ausschließlich über Social Media angekurbelt«, erzählt die Winzerin. Heute exportiere das Weingut in die USA, in die Schweiz, nach Dänemark, Schweden und Belgien. Um den Export kümmert sich Julianes Schwester, die ursprünglich in Mannheim Lehrerin war, jetzt aber auch in den Betrieb zurückgekehrt ist. »Das hat mich wahnsinnig gefreut, dass mich meine ältere Schwester unterstützt«, sagt Juliane Eller. Dadurch, dass der Export so boome, gehört zu ihrem Alltag häufiges Reisen. »Ich war schon in den USA, Japan und natürlich in der Schweiz und den nordischen Ländern und habe überall meinen Wein eingeschenkt«, erläutert sie, aber auch, dass sie inzwischen das Reisen deutlich heruntergeschraubt habe, um vor allem in Alsheim zu sein. Ihr Ziel, dort nicht mehr unabkömmlich zu sein, hat sie nämlich noch nicht erreicht. Auch wenn ihr ihre Familie helfe, wo sie nur könnte, hänge viel an ihr als Chefin, schließlich wolle sie dem Wein ja auch ihre besondere Handschrift aufdrücken. »Aber Chefin sein ist gar nicht easy«, meint sie lächelnd.

Besonderen Wert legt sie deshalb darauf, dass ihr Wein über einen eigenen Onlineshop auf der Website verfügbar ist. »Das ist uns in der Corona-Krise sehr zugutegekommen«, so die Winzerin. Ein Teil der Einbrüche in der Gastronomie konnte durch Privatkunden aufgefangen werden. Überhaupt habe Corona das Team eher noch enger zusammengeführt, sei also durchaus eine Chance gewesen. »Vor allem möchte ich junge Menschen an deutsche Weine heranführen«, äußert Juliane Eller und spricht von einem deutlichen Wandel im Genussbereich. Früher seien Familienväter auf den Hof gefahren und hätten mehrere Kisten ihres Lieblingsweins vom Stammwinzer in den Kofferraum geladen. Heute führen junge Leute von einem Winzer zum anderen und setzten besonders auf Güte und handwerkliches Können. Hierzu wirbt Juliane Eller ganz bewusst auf Social Media, bei Facebook und Instagram, wo sie inzwischen über 15.000 Follower hat. Online zeigt sie, wie sie mit der Schere Weintrauben schneidet, vor dem Weihnachtsbaum mit Flaschen und Pudelmütze steht, im Probierraum Wein einschenkt oder einfach in der roten Daunenjacke posiert. Auf den meisten Bildern ist sie selbst zu sehen, denn sie versteht sich bewusst als Gesicht ihrer Marke.

Sie hat damit eine junge Marke kreiert und begeistert eine jüngere Zielgruppe für ihre Weine. Außerdem baut sie systematisch ihren Onlineshop aus, in dem es inzwischen auch T-Shirts zu kaufen gibt. Gemeinsam mit anderen Winzern vertreibt die Jungunternehmerin ihre Weine über ihre Plattform, die sich bewusst an junge Leute wendet, die noch nicht so viel von dem Getränk verstehen, weshalb Weine zum »Männerabend«, »Fast-Food-Essen« und einem gemütlichen Leseabend angeboten werden.

Der Weg vom Wein zum Lifestyle-Produkt

Auch mit ihrer Weinmarke »III Freunde« gelingt ihr ein Marketing-Coup, der die Bekanntheit ihrer Weine steigert. Auf einem Event lernt sie den Moderator und Schauspieler Joko Winterscheidt kennen, dem sie ein Jahr später auf Facebook schreibt, ob er nicht Interesse am Weinmachen habe. Er hat Interesse – und holt noch seinen Freund, den Schauspieler Matthias Schweighöfer, mit ins Boot. Sie setzt »ihren Jungs« einen Grauburgunder vor und staunt nicht schlecht, als die beiden mitmischen wollen und sich nicht auf die Rolle der Verkoster beschränken lassen. »Ich war total irritiert, dass den Jungs der Wein nicht geschmeckt hat, immerhin war ich die Winzerin«, erinnert sie sich lachend. Schließlich habe es acht Anläufe gebraucht, damit allen der Wein in seiner Stilistik gemundet habe. Inzwischen sind die Freunde häufig im Weinberg und auf dem Traktor in A-Town, wie sie Alsheim spaßhaft nennen, unterwegs. Ihre Wein-GmbH stellt die Geschichte ihrer ungewöhnlichen Freundschaft in den Fokus. »Bei uns hat es total gematcht«, erzählt Juliane Eller und davon, wie oft sie sich mit ihren Jungs in der Whatsapp-Gruppe austauscht. »Matthias meint, unsere drei Weine müssten jetzt vom Kindergarten in die Grundschule wechseln«, so Juliane Eller und erklärt, dass die »III Freunde« eher auf die breite Masse des Weingeschmacks zielten und einen »Tick billiger« seien als der exklusivere Juwel-Wein. Für die kommenden Jahre sind mehr süffige Trinkweine für Jüngere geplant. Schon heute läuft der Vertrieb beispielsweise über die Lebensmittelkette Edeka.

Wie bei den Juwel-Weinen setzen die »III Freunde« auf elegante wie schlichte Etikette. Während sich hier das Label auf drei Striche reduziert, ziert das puristisch gradlinige Etikett von Juwel ein Kreis, der sich wie ein Diamant spitz verlängert, je teurer der Flaschenwein wird, den das Weingut von drei Lagen anbietet. »Auf die richtige hochwertige Grafik habe ich von Anfang an großen Wert gelegt«, blickt Juliane Eller auf die Anfangsjahre zurück und fügt hinzu, dass sie auch die Probierstube der elterlichen Winzerei von einer gemütlich-behaglichen in eine stylisch-nüchterne verwandelt habe. Schließlich suchten viele Menschen den Wein nach puristischer Ästhetik, nach dem Etikett aus. »Ich will, dass auch ein 25-Jähriger unseren charakterstarken Wein so cool findet, dass er ihn zu der WG-Party seiner Freundin mitbringt«, macht die junge Winzerin klar.

Die Ästhetik, der die durchkomponierten Produkte des Ellerschen Weinguts folgen, verkörpert Juliane Eller auf eine unprätentiös-natürliche Weise selbst. Mit dem Selbstverständnis eines Models lässt sie sich beim Verpacken von Weinflaschen im Keller, versonnen bei der Weinverköstigung mit Kunden, im sonnendurchfluteten Weinberg oder auf Reisen fotografieren. Und es ist kein Zufall, dass die Fashionfirma Marccain Juliane Eller für ihre Kampagne »Mysteriously Women« gekonnt in Szene setzt und als eine der charakterstarken und inspirierenden Frauen in Zeitlupe im Videoclip festhält.

Als Winzertochter mutig eigene Wege gehen

Gerade der Wein sei ein Lifestyle-Produkt geworden, für das mehr und mehr Menschen gerne auch mehr bezahlten. »Weintrinken ist in den letzten Jahren einfach hip geworden«, berichtet sie. Spricht man mit Juliane Eller, wird deutlich wie sehr sie für Wein brennt und die vielen Stunden harter Arbeit auf sich nimmt, um für ihre Berufung zu arbeiten. An den letzten Urlaub könne sie sich schon gar nicht mehr erinnern. »Abschalten kann ich immer noch schlecht«, sagt sie, aber wenn es zu wild wird, kämen Freunde und Familie und »hauten ihr mit der Bratpfanne auf den Hinterkopf«, damit sie runterkomme.

Und da gibt es seit über zehn Jahren ihren Freund Stefan Winter vom benachbarten Weingut aus Dittelsheim, der ihre Probleme versteht und weiß, dass auch an Sonntagen das Geschäft weitergeht und es sich während der Ernte im September, Oktober nur schlecht in Urlaub fahren lässt. »Es war Liebe auf den ersten Blick«, sagt Juliane Eller. Beide sind sich, was Herstellung, Geschmack und Weingenuss betrifft, weitgehend einig und lieben Weißweine – wenngleich sie abends kaum Weine aus ihren eigenen Kellern trinken. 2018 brachten sie den gemeinsamen Wein »JUST« auf den Markt, der aus Weiß- und Grauburgunder besteht. Wichtig ist ihnen jedoch, die Weingüter getrennt zu führen.

Ob es sie prägt, dass sie in den Medien als Shootingstar und Rolemodel gefeiert werde? »Nicht wirklich«, meint Juliane Eller. Schließlich habe sie das große Glück, einfach nur als Winzerin im Weinberg zu sein. »Vielleicht habe ich mit meinem Wein aber ein bisschen die Bahnen aufgebrochen und gezeigt, dass man alles auch anders machen kann.«

Winzerinnen statt Weinköniginnen

Immer weniger Winzertöchter im deutschsprachigen Raum lassen sich auf die stets lächelnde Weinkönigin reduzieren, sondern wollen selbst Wein herstellen und ein Weingut führen – in Österreich, Deutschland und der Schweiz. Nach Angaben des Verbandes deutscher Prädikatsweingüter waren 2019 unter den 200 deutschen Topweingütern zwölf, die von einer Frau geführt wurden. Tendenz steigend. Vor allem in der Weinregion Mosel-Saar-Ruwer sind Frauen auf dem Vormarsch. An der Topadresse für Weinbau, der Hochschule in Geisenheim, sind rund die Hälfte der Studierenden der Önologie weiblich. Um sich besser mit anderen Winzerinnen zu vernetzen, gründen sieben »Weinenthusiastinnen« 1991 den Verein »Vinissima«. In Österreich etabliert sich »11 Frauen und ihre Weine«. Auch in der Schweiz gibt es immer mehr Winzerinnen.

Matthias Schweighöfer, Juliane Eller und Joko Winterscheidt gründen die Weinmarke »III Freunde«

»Ich habe mich damals durchgebissen«

JULIANE ELLER

Winzerin

Karl Händlmaier Chakutier.
Karl Händlmaier
Charkutier.

1911–1981

Luise Händlmaier *Senffabrikantin*

Ihr Konterfei schmückt jedes Senfglas *Die Metzgerwitwe Luise Händlmaier gründet ein Weltunternehmen für süßen Senf*

Jedes Senfglas ist mit einem roten Etikett versehen, auf dem eine junge Frau mit lockigen Haaren und Kittelschürze prangt. Kaum jemand weiß, dass es sich dabei um die Mostrichfabrikantin Luise Händlmaier handelt, die 1964 in Regensburg mit 54 Jahren das gleichnamige Senfunternehmen ins Leben rief. Als die zweifache Mutter die Senfproduktion weiter fortsetzt, liegt ein erfolgreiches Geschäftsleben hinter ihr. Gemeinsam mit ihrem Mann Joseph Händlmaier übernimmt die aus einer gutbürgerlichen Landauer Familie stammende Luise von den Schwiegereltern 1949 die Metzgerei in der Regensburger Gesandtenstraße. Hier hatte ihre Schwiegermutter Johanna Händlmaier seit 1914 in der Metzgereiküche süßen Senf für Würste und Leberkäse hergestellt – ein damals übliches Verfahren. Fast jede Metzgerei warb mit einer eigenen Rezeptur, in vielen Haushalten stellten die Köchinnen und Hausfrauen den Senf selbst her. Händlmaier-Senf gilt in Regensburg als besondere Delikatesse und wurde vor allem zur Herstellung von Senfrouladen verwendet.

Johanna Händlmaier vertraut ihrer Schwiegertochter das Rezept für den süßen Senf an. Heute bewahren die Erben der Firma Händlmaier das mit Senf verschmierte Rezept im Tresor auf. Luise Händlmaier erweist sich des streng gehüteten Senfrezepts als würdig und teilt die Liebe ihrer Schwiegermutter zum süßen Senf, auch wenn zunächst das Herstellen von Würsten, Filetstücken und Schnitzeln im Vordergrund steht.

Die Familie baut den Metzgereibetrieb systematisch aus: Bereits sechs Jahre nach Übernahme des Geschäfts gibt es in Regensburg sechs Händlmaier-Filialen. »Die Kindheit von meiner Schwester Luise und mir war geprägt von der Arbeit in der Metzgerei«, erzählt die Tochter Christa Aumer. Dann stellt ein schwerer Schicksalsschlag die resolute Luise Händlmaier vor eine große Herausforderung. 1955 stirbt ihr Mann, ein passionierter Pferdeliebhaber, auf der Straubinger Pferderennbahn an einem Herzinfarkt, als sein Pferd als Sieger ins Ziel läuft. Die Witwe schlägt alle Kaufangebote aus und führt wahrscheinlich als einzige Frau einen großen Metzgereibetrieb weiter. »Am Anfang machte man ihr das Leben schwer. Der Einkauf auf dem Schlachthof war für sie nicht leicht, denn hier waren Frauen nicht erwünscht. Aber meine Mutter gab nicht klein bei und setzte sich durch«, erinnert sich ihre Tochter, die die Senffabrikation nach dem Tod der Mutter übernahm. Die Arbeit verlangt ihren Tribut. So sei die Mutter täglich von 6 Uhr morgens bis 18 Uhr abends für die Metzgerei im Einsatz gewesen, um sich danach eine Tasse Kaffee im Café Brandl und anschließend eine Brotzeit im Kneitinger zu gönnen.

1964 entscheidet die tüchtige Witwe, die sechs Filialen an den Regensburger Wurstfabrikanten Ostermeier zu verkaufen und für das Unternehmen Hausmachersenf in geringen Mengen zu produzieren. Hierzu zermahlt sie zunächst Senfkörner in der alten Metzgereiküche in der Gesandtenstraße, fügt Branntweinessig und streng geheime Zutaten hinzu. Dann kocht sie die Mostrichmischung stetig rührend auf und füllt sie nach acht Tagen in Gläser um. Aus dem Minijob entwickelt sich innerhalb kurzer Zeit eine professionelle Senfherstellung, die Luise Händlmaier erneut in Beschlag nimmt. »Senf war Muttis ganz große Leidenschaft«, erinnert sich Christa Aumer. Es sei ihr wichtig gewesen, dass alle in der Familie den Senf genau nach der von ihr entwickelten Rezeptur herstellten.

Bald kann die Produktion aufgrund des reißenden Absatzes nur noch mit Angestellten bewältigt werden und die Metzgerswitwe gründet die »Luise Händlmaier GmbH«. 1965 beliefert sie schon 400 Lebensmittelgeschäfte in Regensburg und Umgebung. Bis zu ihrem Tod 1981 steht sie – gezeichnet von einer schweren Krankheit – mit sieben Angestellten in der Küche, um ab 5 Uhr morgens Senf anzurühren, zu verkosten, zu verfeinern und in Gläser zu füllen. Luise Händelmaier legt damit den Grundstock für die Erfolgsgeschichte des heutigen Weltmarktführers. Als sie stirbt, kondoliert ein Unbekannter den Schwestern mit den Worten: »Mit der Frau Händlmaier ist ein Stück Bayern gestorben.«

Süßer Senf

Senf gehört zu den ältesten Gewürzen der Welt. Schon die Chinesen würzten ihre Speisen vor rund 3.000 Jahren mit Senfkörnern. Die Römer brachten die Samen nach Europa, wo Ärzte ihre heilende Wirkung entdeckten. Karl der Große ordnet 795 den Senfanbau im Karolinger Reich an. Neben dem Meerrettich gehört Senf im Mittelalter zu den einzigen Gewürzen, das der Speise Schärfe gibt – Pfeffer ist für den normalen Bürger zu teuer. In Europa entwickelt sich Dijon zum Zentrum der Senfproduktion, während in Deutschland Adam Bernhard Bergrath im frühen 18. Jahrhundert mit dem dunklen Mostert die erste Senffabrik gründet. Der Hugenotte Johann Conrad Develey erfindet in München 1854 den süßen Senf und fügt der Senfmischung karamellisierten Zucker, Nelken, Jamaika-Pigment und Muskatnuss zu. Zweiundzwanzigjährig erwirbt er 1822 ein Geschäft in der Kaufingerstraße, das er rasch zu einer führenden Manufaktur für Senf ausbaut. Sein Erfolg bringt ihm 1874 den Titel »Königlich Bayerischer Hoflieferant« ein. Dem gewieften Geschäftsmann kommt entgegen, dass 1857 in München die Weißwurst erfunden wird und der süße Senf als die perfekte Zutat für die Münchner Entdeckung gilt – weshalb er als »Weißwurstsenf« bezeichnet wird. Weit älter ist der Kremser Senf, der mit Most versetzt ist und ebenfalls einen süßen Geschmack besitzt.

In der Metzgerei Händlmaier in Regensburg

*1962

Katrin Stoll
Auktionatorin

Die Aufklärerin
Wie die Kunstauktionatorin Katrin Stoll dem Münchner Auktionshaus Neumeister eine Verjüngungskur verpasst

»Eine Auktion durchzuführen ist wie dirigieren«, sagt Katrin Stoll, und letztlich sei es eine emotionale Angelegenheit, denn schließlich kämen Kunstwerke auch nach Tod und Scheidungen unter den Hammer. »Sie müssen auf die Stimmung, die besondere Atmosphäre im Saal reagieren und eine Auktion straff führen«, ergänzt sie, und man müsse immer die Bieter vor Ort, per Telefon oder online im Blick haben. Katrin Stoll ist die einzige Kunstauktionatorin, die deutschlandweit ein so renommiertes Auktionshaus wie Neumeister in München leitet, dem sie seit 2008 als geschäftsführende Gesellschafterin vorsteht. »Es kommen immer weniger Sammler noch in die Barer Straße«, erzählt Katrin Stoll, viele würden sich online oder mit Anrufen dazuschalten – eine Tendenz, die die Corona-Pandemie ebenso befördert hat wie eine weitere Globalisierung des Kunstmarkts. »Bei der zwei Mal verschobenen Auktion Alte Kunst im Mai 2020 haben auch Bieter aus Mexiko, Kuwait und Uruguay mitgeboten«, sagt die Kunstauktionatorin und fügt hinzu, dass aus diesen Weltregionen bislang kaum Kunden stammten. So sei zu beobachten, dass internationale Sammler Kunstwerke, die versteigert würden, vermehrt auf Webplattformen stattfänden, als im klassischen Katalog. Schon lange stammten die Kunden nicht nur aus Deutschland, sondern aus England, Frankreich, Italien, Albanien, Südamerika und China. »Aber Menschen sind viel zu sinnlich und haptisch veranlagt, als dass es in Zukunft keine Auktionshäuser mehr gibt«, so Stoll. »Wir beobachten allerdings, dass sich die Kunden emanzipieren und schon einmal bei unterschiedlichen Auktionshäusern ein und aus gehen.« Zu Zeiten ihres Vaters habe es eine stärkere Kundenbindung gegeben; Rudolf Neumeister, der 2017 mit 91 Jahren starb, hatte das Auktionshaus 1958 von dem Kunsthändler Adolf Weinmüller übernommen und zu einem der führenden Häuser in München ausgebaut. Legendär werden seine Versteigerungen des Bilds von Carl Spitzweg »Friede im Lande« für eine Million DM und die Nachlass-Versteigerung des Kunsthändlers Otto Bernheimer. »Mein Vater war ein Despot, der Anspannung in die Familie brachte«, schildert Katrin Stoll das stets höflich-distanzierte Verhältnis, das sie zu ihrem

Vater hatte. Zu Hause, im Bernheimer-Palais in München, hängen überall erstklassige Kunstwerke - sogar im Kinderzimmer.

»Ich wusste schon mit acht Jahren, was ein Auktionshaus ist und eine Galerie«

Wissen über Kunst ist zu Hause Pflicht und für Rudolf Neumeister so selbstverständlich, dass er jede seiner drei Töchter zur möglichen Nachfolgerin ausbildet. »Wir waren noch Kinder, da ist er mit uns nach London gereist und nach Paris. Wir waren mit ihm in New York. Er hat uns die Welt gezeigt und das ganz klar aus der Perspektive des Kunsthändlers. Ich wusste schon mit acht Jahren, was ein Auktionshaus ist und eine Galerie.« Aufgewachsen ist sie aber mit ihren beiden Schwestern Michaela und Martina vor allem in einem Landhaus der Familie in Oberbayern. »Wir haben sehr ländlich gelebt mit Pferden, Enten, einer Schnapsbrennerei und Forst- und Landwirtschaft«, erinnert sich Katrin Stoll und ergänzt, dass die Familie noch heute das Anwesen bewirtschafte. »Da muss ich mich eben auch mal mit Brennobst und Erntehelfern beschäftigen«, so die Auktionatorin. »Ich war schon immer der Bub in der Familie«, erzählt Katrin Stoll von ihren sportlichen und technischen Interessen. Ihr Ausbildungsweg verläuft nicht gradlinig. Nach dem Abitur beschließt sie, die Kunst nicht zum Beruf zu machen, sondern studiert drei Semester lang Medizin in München, bis sie sich von der Ärzteschwemme in den achtziger Jahren abschrecken lässt. Anschließend geht sie in die Lehre zu einem Schreiner, der sich auf das Restaurieren von Möbeln spezialisiert hat. Doch als sie mit zwanzig Jahren schwanger ein Kirchengestühl in St. Michael mit Natronlauge abbeizen soll, fällt die Wahl auf eine Bürokaufmannslehre mit weniger giftigen Dämpfen.

Die Ausbildung habe ihr zwar im späteren Leben geholfen, erfüllt sie aber ebenfalls nicht, weshalb sie in London bei Sotheby's und in Paris bei Ader, Picard sowie Tajan hospitiert - ihre kleine Tochter immer dabei. 1983 steigt Katrin Stoll dann als Kommanditistin in das Kunsthaus ihres Vaters ein und baut auf seinen Wunsch hin - und gegen verkrustete Strukturen - eine Abteilung für Moderne Kunst auf, »eine Tätigkeit für die mich viele bei Neumeister nicht beneidet haben«. Denn Geld wird bei Neumeister vor allem mit Alten Meistern bei Nachlassversteigerungen verdient. Langsam erobert sie sich die Anerkennung des Vaters. »Sie macht das genauso gut wie ein Mannsbild«, sagt der weit über Achtzigjährige über seine mittlere Tochter in einem Interview mit der Zeitschrift »Weltkunst«.

»Man hat als Unternehmerin Verantwortung, auch für das, was man unterlässt«

Spätestens mit der Übernahme des Auktionshauses als alleinige Gesellschafterin tritt sie 2008 aus dem Schatten des Vaters. Ihren Einstieg in die neue Aufgabe inszeniert sie als Paukenschlag. Sie kauft die Betriebsanteile ihrer Schwestern zu Beginn der Rezession und in Zeiten eines boomenden Kunstmarktes zurück. »Ich habe mein Privatvermögen in das Unternehmen gesteckt«, sagt sie, die Übernahme sei von »unfreundlichen Auseinandersetzungen in der Familie begleitet worden«. Als alleinige Gesellschafterin spielt sie dabei in der männlich dominierten Welt der Auktionatoren eine Sonderrolle. »Ich bin die erste Auktionatorin in der ersten Liga der Kunstauktionatoren«, so Stoll. Vorbilder findet sie in der Familie: Ihre Großmutter führt in Schwabing ein Lebensmittelgeschäft und ist jüdischen Familien zugetan. Ihre Mutter fliegt in den fünfziger Jahren als Stewardess um die Welt.

Zu weiterer Unruhe in der Familie führt Katrin Stolls Initiative, die Geschichte des Auktionshauses im Dritten Reich aufarbeiten zu wollen. »Mein Vater hat das nicht unterstützt, aber ich habe ihn auch nicht gefragt«, resümiert sie. Sie beauftragt das Münchner Zentralinstitut für Kunstgeschichte damit herauszufinden, inwieweit der den Nationalsozialisten nahestehende Vorbesitzer und Kunstauktionator Adolf Weinmüller nicht doch Kunstwerke aus jüdischem Besitz günstig erworben und damit von der Arisierung profitiert hat. »Für mich war Weinmüller

Katrin Stoll war es wichtig, die Geschichte des Auktionshauses im Dritten Reich aufzuarbeiten

bis dato ein Phantom, über den ich nichts wusste.« Sie habe nicht gewollt, dass Weinmüller »als Leiche im Keller« das Auktionshaus beschädigt, denn »man hat als Unternehmerin Verantwortung, auch für das, was man unterlässt«.

Änderung, Umbruch – Neumeister zieht damit ein vollkommen neues Publikum an

Im Keller des Auktionshauses in der Barer Straße stößt Katrin Stoll Jahre später auf eine Sensation, die die Provenienzforschung weiter nach vorne bringen sollte. In einem Stahlschrank werden 2013 alte Auktionskataloge und Protokolle Weinmüllers aus der NS-Zeit gefunden, in denen sowohl die Namen der Käufer als auch der Einlieferer verzeichnet sind. Die Kataloge zeigen eindeutig, dass – anders als Weinmüller behauptete – auch die Gestapo ihn mit Ware belieferte; nach dem Krieg führt er seine große Karriere im Kunsthandel fort. »Wenn die Provenienz bei Kunstwerken nicht eindeutig geklärt ist, bestehe ich heute darauf, dies untersuchen zu lassen«, betont Katrin Stoll, deren Ergebnisse in der Provenienzforschung sich sehen lassen können: Einerseits finanziert sie das Buch von Meike Hopp »Kunsthandel im Nationalsozialismus« – inzwischen ein Standardwerk, andererseits macht sie die von Weinmüller gehandelten Bilder in einer Internetdatenbank öffentlich, sodass mögliche Erben diese ausfindig machen können. Katrin Stoll ist damit die einzige Kunstauktionatorin, die die Geschichte ihres Hauses in der NS-Zeit in diesem Umfang aufgearbeitet hat.

Parallel unterzieht Katrin Stoll das renommierte Auktionshaus einer Verjüngungskur. Auktionen wie »Plastic Fantastic« mit Gebrauchsgegenständen, Möbeln und Schmuck zielen ebenso wie »Next Generation« und »Chair Affair« auf ein jüngeres Publikum. Der Schriftzug von »Neumeister« wird modernisiert. Und nicht nur Spitzweg und Menzel kommen unter den Hammer, sondern auch perlenbestickte Taschen von Hermès, Schmuck aus den dreißiger Jahren oder ein türkisfarbenes, schulterfreies Kleid, das von einem Model auf blauem Teppich präsentiert wird. »Ich habe in Frankreich während meiner Zeit im Auktionshaus gelernt, dass Mode ein Teil der Kultur ist und sich dadurch ein individueller Stil kreieren lässt, der statt Konformität Individualität betont«, erzählt sie und weiter, Vintage-Mode stehe für Wirtschaftswunder und Reichtum. Auch mit der Präsentation von Vintage-Mode 2009 gehört Katrin Stoll zu den Pionierinnen. »Ich dachte, mein Vater würde mich dafür in eine Nervenheilanstalt einweisen lassen«, so Stoll. Doch der Abend wird ein »irrer Erfolg«, der Saal des Auktionshauses platzt aus allen Nähten, die Mitarbeiter des Bayerischen Nationalmuseums kommen geschlossen. Und vor allem Frauen betreten vielfach selbstbewusst erstmals das Auktionshaus, um mitzubieten: von der Studentin bis hin zur Unternehmerin. »Mir geht es bei den Vintage-Auktionen auch darum, den emanzipatorischen Faktor in den Mittelpunkt zu stellen: Frauen befreiten sich Ende des 19. Jahrhunderts vom Korsett; der BH kommt auf. Zeitgleich schreiben sich die ersten Frauen an Universitäten ein. Die Mode läuft parallel zum Zeitgeist«, so Stoll. Neumeister zieht damit ein vollkommen neues Publikum an, denn bislang werden zwei Drittel der Kunst von Männern über fünfzig Jahren aus dem Bildungsbürgertum gekauft, die Kunst auch als Kapitalanlage erwerben. Wer jünger sei und gerade eine Familie gegründet habe, hätte meist zu wenig Geld übrig, um in Kunst zu investieren. Der Kunstmarkt laufe kongruent zu den Börsenkursen. »Mit dem Zuschlag in der Auktion wissen unsere Kunden den Warenwert bezogen auf einen exakt definierten Zeitpunkt. Und eine so geringe Marge von 27 Prozent, in der noch die

19 Prozent Mehrwertsteuer eingeschlossen sind, finden Sie sonst kaum«, sagt Katrin Stoll. »Ich setze inzwischen mehr auf Klasse denn Masse«, beschreibt die Auktionatorin ihre Geschäftspolitik und selbstverständlich gehört es für sie dazu, sich vor einer Auktion sehr intensiv mit den Objekten, ihrer Herkunft, Einordnung und Geschichte zu beschäftigen - schon um nicht einer Fälschung aufzusitzen. Sie beobachte den Markt daher sehr genau.

»Seit Jahren steht die Klassische Moderne hoch im Kurs, der Markt ist aber sehr dünn gesät«, meint Katrin Stoll und erläutert, dass hierfür die Vernichtung der sogenannten Entarteten Kunst in der NS-Zeit, zwei Weltkriege und der größte Verdrängungswettbewerb nationaler und internationaler Häuser in einem Zeitraum von knapp 100 Jahren verantwortlich seien. Möbel, Ikonen und Teppiche verkauften sich derzeit schlecht. Die zeitgenössische Kunst unterliege heftigen Schwankungen und sei deshalb häufig nicht berechenbar. »Ich vermute, dass echte Sammlerfreaks vermehrt künftig auf Alte Kunst setzen, weil sie sich für die Geschichte der Bilder und die Handwerkskunst besonders interessieren.« Nachhaltigkeit liege derzeit in vielen Branchen im Trend. »Je älter ich werde, desto mehr interessiert mich ältere Kunst«, erzählt Katrin Stoll, die jede Auktion selbst leitet. Manchmal wolle sie sich einfach an der Kunst erfreuen, ohne gleich an den wirtschaftlichen Erfolg denken zu müssen. Die dreifache Mutter ist auch ehrenamtlich in zahlreichen Kommissionen und Kuratorien tätig wie in der Ankaufkommission der Städtischen Galerie im Lenbachhaus oder im Freundeskreis der Anne-Sophie-Mutter-Stiftung. Außerdem unterrichtet sie an der Ludwig-Maximilians-Universität »Marktmechanismen des Kunsthandels«.

Zusammenhalten und einander fördern

Aufgrund ihrer Sonderrolle als Kunstauktionatorin in einer der letzten Männerdomänen liegt ihr das Fördern weiblicher Mitarbeiter besonders am Herzen. »Ich weiß es ja von meiner Tochter, die selbst zwei Kinder hat, dass sie tagsüber kaum zum Essen kommt.« Sie habe sich deshalb überlegt, alle Mütter unter ihren vierzig Mitarbeiterinnen zu einem gemeinsamen Mittagessen einzuladen, auch um sich deren Sorgen und Nöte anzuhören. »Heute sehe ich als Unternehmerin meine soziale und gesellschaftliche Verantwortung mehr, die ich nicht einfach an den Staat delegieren kann.«

Mut und Leidenschaft: Katrin Stoll

»So geht Aufklärung«, titelt ZEIT-Redakteur Tobias Timm. Wie kein anders Auktionshaus in Deutschland betreibt das Münchner Auktionshaus Neumeister intensive historische Recherchen, um sich der Geschichte der Firma in der Zeit des Nationalsozialismus zu stellen. So viel Mut ist auch siebzig Jahre nach Kriegsende selten: Zwar verloren viele jüdische Sammler und Kunsthändler in der NS-Zeit ihr Eigentum, doch vielfach steckt die Provinienzforschung in Deutschland noch in den Kinderschuhen. Bei Neumeister verdankt sich der Aufklärungswille einer Frau: Katrin Stoll, die zudem die einzige Auktionatorin in Deutschland ist, die ein derartig bedeutendes Auktionshaus vertritt.

Die Schwestern Meier *Traditionsunternehmerinnen*

»Wir sind ja noch jung«
Die drei Meier-Schwestern reformieren das Traditionshaus »enSoie«

»Was Sacher für Wien ist, ist enSoie für Zürich«, erzählt Sophie Meier, die mittlere der drei Meier-Schwestern selbstbewusst. Seit ein paar Jahren führen die Geschwister gemeinsam die Geschicke von »enSoie«, ein Traditionsunternehmen in der Altstadt Zürichs, das als Institution gilt. Zürcherinnen, die hier Ballerinas kaufen, nehmen auch noch einen handgeschmiedeten Ring mit; Touristinnen, die sich in einen der farbenfrohen Seidenschals verlieben, kaufen beim nächsten Zürichbesuch einen bedruckten Rock.

Seit 2013 leitet die jüngste Schwester Anna Meier als Kreativdirektorin die Geschäfte. »Der Übergang von meiner Mutter zu uns Töchtern verlief in den vergangenen zehn Jahren fließend organisch«, erzählt sie. Und so hat jede einen anderen Weg gewählt, um in das mütterliche Unternehmen einzusteigen. Eleonore Meier studiert Filmproduktion in Los Angeles und eröffnet dort im Künstlerquartier eine Boutique. Sophie Meier, die seit ihrem 15. Lebensjahr im Geschäft arbeitet, widmet sich zunächst der Fotografie und zieht später ebenfalls nach LA, wo sie Geschäftsführerin des Ladens wird. Nur Anna Meier steigt direkt nach der Matura auf einem musischen Gymnasium bei »enSoie« ein. Geplant ist ein zweimonatiges Praktikum. Doch fühlt sich die Tätigkeit im Familienunternehmen so gut an, dass sie einfach bleibt. »Erst habe ich im Atelier Knöpfe gezählt«, meint sie lachend, »dann im Laden verkauft, beim Zuschneiden mitgearbeitet, bis ich schließlich für die gesamte Kollektion verantwortlich war.« »Irgendwann war klar, dass ich mit meiner Familie nach Zürich zurückziehen würde«, sagt Eleonore Meier, die mit einem mexikanischen Filmemacher verheiratet ist. »enSoie« gehöre einfach nach Zürich, einer Stadt, zu der die Schwestern früher ein distanziertes Verhältnis hatten. Nach ihrem Geschmack überwog die von dem Zürcher Theologen und Reformator Huldrych Zwingli mitgeprägte Lebensfeindlichkeit.

Inzwischen habe sich Zürich in eine weltoffene, bunte Stadt mit einem großen Kulturangebot gewandelt. »Außerdem kann man hervorragend international essen«, meint Sophie, »was wir alle gerne tun!« Inzwischen fühlen sich die

Schwestern hier angekommen. »Zürich gehört zu mir und ich zu Zürich«, wirbt die filigran erscheinende Anna Meier mit Hund in einem Video der Touristenzentrale in »Züritüütsch« und meint: »Als Unternehmerin sehe ich es als meine Aufgabe, Zürich interessant zu machen.«

»Wir verstehen uns als eingespieltes Team«

Neben der lokalen Verwurzlung speist sich die Identität der Marke »enSoie« von und durch die Familie Meier. »Wir leben und arbeiten in Zürich, deshalb gehört das Branding hierher«, sagt Sophie Meier, und die anderen Schwestern, deren Familienähnlichkeit nicht von der Hand zu weisen ist, nicken. »Wir sind eine Familienmarke, da sollte man die Menschen, die dafür stehen, auch sehen«, meint Anna. Und in der Tat werben die Schwestern und ihre Töchter als Models in Bildern und Videos für »enSoie«. Mal sind es Carlotta, Clara und Marilou, die im Botanischen Garten keck gestreifte Sommerkleidchen präsentieren, mal Eleonore, Sophie und Anna, die lässig Kaschmirschals, eine rotgezackte Daunenjacke oder goldene Ohrhänger vorführen. Stets wirkt die Szenerie – ein Sommertag auf dem Zürichsee, ein Picknick oder ein Teetrinken – heiter, gelassen und erzeugt ein Wohlgefühl, eingebettet in eine innovative Tradition. Ausgenommen im Geschwisterreigen ist nur der kleinere Bruder Francis, der als Schauspieler arbeitet. »Wir verstehen uns als eingespieltes Team«, beschreibt die Kreativdirektorin Anna die Zusammenarbeit mit ihren beiden älteren Schwestern. Zwischen den dreien funktioniert die Kommunikation nonverbal, seit Kindertagen haben sie ein enges Verhältnis. Jede hat ihre Stärken, jede ihre Persönlichkeit und jede ihren eigenen Aufgabenbereich, was das Geheimnis von so viel Harmonie erklären mag. Eleonore Meier konzentriert sich derzeit auf ihre Töchter und kümmert sich um Marketing und Merchandising sowie um die Entwicklung neuer Produkte. Die Leitung wolle sie nicht übernehmen, aber bei »enSoie« sei stets alles im Fluss. Sophie Meier leitet als Geschäftsführerin den Kinderladen am Rindermarkt und ist die Seele des Verkaufs. Und Anna Meier hat – so ihre Schwester Eleonore – »als Chefin das ultimative Sagen«. Warum gerade sie als Jüngste die Leitung habe, beantwortet sie so: »Meine Schwestern haben den Laden in Los Angeles geführt, ich war immer in der Strehlgasse.«

Form per Handarbeit im Zürcher Geschäft

Mitten in der Altstadt, einen Sprung vom Fraumünster entfernt, liegt das Stammhaus des Familienunternehmens, das die Mutter aufwendig restaurieren ließ. Das besondere Flair des Geschäfts wird von dem imposanten viergeschossigen Haus bestimmt. Das Eckhaus »Zum kleinen Kindli«, dessen Fundamente aus dem

14. Jahrhundert stammen, beherbergt seit jeher Ladengeschäfte von der Bäckerei bis zum Hutladen, vom Schuhmacher bis zur Seidenhandlung. Auf drei Etagen – verbunden durch eine hölzerne Wendeltreppe – können Kundinnen Kissen, Kerzenleuchter, Armbänder, Seidenkleider und Kosmetiktaschen shoppen. In den oberen Geschossen schneiden meist junge Mitarbeiterinnen Röcke zu und malen Vasen oder Schalen an. Unter den rund dreißig Mitarbeiterinnen in Ateliers, Werkstatt und Büro herrscht eine gelassen-kreative Atmosphäre. Hier steht ein Bild auf dem Boden, dort hängt lässig ein bunter Stoff. Wie schon ihre Mutter führen die Schwestern das Geschäft demokratisch und unkompliziert, »wie auf einem Bauernhof«. Jede Mitarbeiterin zähle. Familienfreundlichkeit wird großgeschrieben. »Wir setzen auf das Familienunternehmen und lagern noch wenige Gewerke aus«, erklärt Anna Meier und ergänzt, dass man durch die Einheit von Verkauf und Produktion gut auf Kundenwünsche reagieren könne.

»Die Produktpalette hat sich organisch weiterentwickelt«

Das Haus, das sich seit zwanzig Jahren in Familienbesitz befindet, bedeutet für die Schwestern ein wichtiges Stück Heimat. So wuchsen die drei im ersten Geschoss auf – betreut von einer Nanny aus Sri Lanka, die nach der Schule für das Mittagessen am großen Familientisch sorgte, während die Mutter sich um den Laden und die Ateliers kümmerte. »Wir sind mit Knöpfen, filigranen Bändern und Seidenschals groß geworden«, erzählt Eleonore, was die besondere Affinität der Schwestern zur extravaganten und verspielten Farbigkeit erklärt. »Ich habe schon als Kind Seidenschals auf Farbfehler hin untersucht«, erzählt Anna, dadurch habe sie immer schon von ihrer Mutter und anderen Designern en passant gelernt, ohne eine Ausbildung in der Modebranche zu machen.

Ohnehin definiert sich die Arbeit im Familienunternehmen aus der Lebenswelt der Schwestern. »Unser Ziel ist es, scheußliche Sachen schön zu machen«, meint Sophie Meier, »und wir schaffen Produkte, die wir schön finden und brauchen – wie beispielsweise Gläser.« Weil Anna Meier bei ihrem Einstieg keine Tasche für ihre Turnsachen findet, entsteht der »Carry all bag«, der inzwischen Kultcharakter besitzt. 2018 gründen die Schwestern ein Kindergeschäft nur wenige Meter vom Stammhaus entfernt, wo die Besucherinnen und Besucher von der blauen Decke bis zum Strampler alles finden, was das Mutterherz begehrt. »Wir machen auch Kinderkleider für unsere Kinder«, sagt Eleonore, die das Konzept für den Laden entwickelt hat. »Das Geschäft ist wie enSoie en miniature«, so Sophie Meier. »Die Produktpalette hat sich organisch weiterentwickelt«, beschreibt Anna Meier den Generationenwechsel, »so wie wenn ein Kind wächst.« Wo früher Schals und Seidenblusen dominieren, gibt es heute mehr Lederwaren, Keramik, Accessoires und Schmuck. Die Modekollektion mit seidenen Jumpsuits, Daunenjacken und Logo-Sweatern wirkt zugänglicher und jünger. Klassische Seidenmodelle werden durch originelle Details aufgefrischt. Leicht-verspielt und weiblich kommt die Kollektion daher, für die auf Instagram und mit Kurzclips geworben wird, die die Handschrift von Eleonore und ihrem Mann tragen. Dabei scheint der durchaus kritisch beäugte Wechsel von Monique Meier auf ihre Töchter gelungen und damit der Balanceakt zwischen Tradition und Innovation. »Dies liegt daran, dass wir auf eine harmonische Weiterentwicklung setzen«, sagt Eleonore Meier, »und keinen Bruch wollen.« So seien beispielsweise das Vichy-Muster oder die Dupionseide unverrückbar. Inzwischen kaufen neben den Stammkunden, Anwältinnen, Ärztinnen und Künstlerinnen auch junge Frauen hier ein. Wichtig ist den Schwestern, dass das Design einzigartig bleibt. »Mir geht es auf die Nerven, dass die Mode sich immer schneller entwickelt«, sagt Anna Meier. Als sie 2018 als eine der fünfzig am stilvollsten gekleideten Personen der Schweiz nominiert wird, habe sie das sehr gefreut, »auch, wenn ich keinen Trends folge, da ich meist mit Kindern und Hund unterwegs bin und Kleider selten und dann bei kleinen Modelabels im Ausland kaufe«.

»Die Qualität kann ich nur halten, wenn ich regelmäßig in diese Manufakturen fahre und den exklusiven wie persönlichen Austausch pflege«

Eine tragende Rolle spielen deshalb Nachhaltigkeit und die traditionelle Handwerkskunst. »Wir arbeiten schon seit Jahrzehnten mit den gleichen kleinen Familienmanufakturen zusammen, die teilweise eine exklusive Partnerschaft mit enSoie haben«, erzählt Sophie Meier. Hergestellt werden die handgewebten und -geschneiderten Tücher und Kleider vor allem in Ungarn, Indien und Polen. »Die Qualität kann ich nur halten, wenn ich regelmäßig in diese Manufakturen fahre und den exklusiven wie persönlichen Austausch pflege«, äußert Anna Meier, die mit einer Reihe von Keramikmeisterinnen und Lederwarenherstellern befreundet ist. Einfach ist es für »enSoie« nicht, sich unter den Billiganbietern von Textilien zu positionieren, ist doch der Markt in der Schweiz inzwischen eingebrochen. Quantität setzen die Schwestern deshalb Qualität entgegen und führen 2014 die »Organic Stainable Collection« ein. Auch gehört es zu den Erfolgsbausteinen, dass »enSoie« gerne mit Inhaberinnen und Inhabern kleiner, trendiger Labels kooperiert. So entstehen Daunenjacken mit dem Kinderoutdoorspezialisten »Namuk«, und mit dem Designer Julian Zigerli ziehen in limitierter Auflage Herrenmäntel und Armbändli in das weiblich geprägte Geschäft ein. Seit 2018 schenkt die Zürcher Kaffeerösterei »Vicafé« in der Strehlgasse Kaffee aus – natürlich im Pappbecher mit Vichy-Karo. »Ich erlebe diesen unternehmenslustigen Austausch als total inspirierend«, erzählt Anna Meier.

Die Corona-Pandemie haben die Schwestern Meier dazu genutzt, die Digitalisierung ihrer Geschäfte weiter voranzutreiben. »Unseren Onlineshop über Nacht zum Hauptgeschäft umzurüsten und die neuen Abläufe der Ateliers übers Homeoffice zu koordinieren, war eine der größten Herausforderungen«, berichtet die Geschäftsführerin, betont aber gleichzeitig, dass der Laden in der Strehlgasse weiterhin das Herzstück der Firma sei. »Jetzt geht es beispielsweise darum, ein aufwendig dekoriertes Schaufenster so in unserem Newsletter zu präsentieren, dass die Kundschaft auch zuhause begeistert ist«, ergänzt Sophie Meier. Beeindruckt hat die Schwestern die große Solidarität innerhalb der Branche sowie von Stammkunden, die sich gerne am Telefon beraten lassen und derzeit hauptsächlich Keramiken und Dekorationsobjekte für zuhause kaufen.

Es wirkt, als schlügen Lebensfreude, Kreativität, Neugier und Geschäftssinn der Eltern bei den Schwestern durch. Der Vater, der international bekannte Sänger der Yello-Band, Winzer, Rinderzüchter, Sportler und Restaurantbesitzer, erfindet sich als Genießer und Weltenbummler immer neu – wie die jüngst eröffnete Schokoladen-Boutique zeigt, mit der er eine Revolution des Geschmacks ankündigt. Die Mutter hält den Wanderzirkus der Familie Meier souverän zusammen und hat die Marke »enSoie« mit ihrem Stilempfinden, handwerklichen Können und Charisma so unverwechselbar gemacht, wie sie heute ist. »Ich bewundere meine Mutter, wie sie mit viel Disziplin die Verantwortung für das

Familienunternehmen getragen hat und nebenbei noch uns vier Kinder erzog«, meint Sophie Meier, die wie ihre Schwestern von der Mutter stark geprägt ist.

Und wer in dem jüngst von Sophie herausgegebenen Kochbuch »Familiengeschichten und Geheimrezepte« blättert, erhält eine leise Ahnung davon, wie unkonventionell und von Grandezza geprägt die Kindheit war, mit heißgeführten politischen Debatten, spätem Zubettgehen, Pferdeleidenschaft zwischen Lammracks mit Bratkartoffeln und Zopf mit Schützenwurst und Senf. »Natürlich hilft es, bekannte Eltern zu haben«, sind sich die Schwestern einig, auch wenn es sie nerve, immer wieder auf die Vorteile angesprochen zu werden. »Aber für all die Produktivität, für die Inspiration und die Erfolge als Unternehmerinnen sind vor allem Disziplin und harte Arbeit gefragt, auch wenn es spielerisch aussieht«, sagt Anna. Und Eleonore ergänzt: »Wir sind ja alle noch jung, schauen wir mal, was noch alles passiert.«

Tonarbeiten im Zürcher Geschäft

Eine tanzende Häsin – »enSoie« in Zürich

Eine Häsin ziert die Papiertüte im Vichy-Muster, schmückt eine Schürze und tanzt mit Familie auf dem Schaufenster des Traditionsgeschäfts »enSoie«. Seit 1984 ist der inzwischen verjüngte Hase das Markenzeichen von »enSoie«. Das Geschäft ging aus der 1894 in Zürich gegründeten Firma Schimmelburg & Cie hervor, die als international renommiertes Seidenunternehmen Pariser Modehäuser wie Dior, Givenchy oder Balmain beliefert. Die Familie Meier übernimmt das Geschäft 1976. Inspiriert von der Farbigkeit Indiens lanciert Monique Meier Seidenschals, die den Erfolg der Firma begründen. Die Geschäftsführerin prägt mit ihrem untrüglichen Stilempfinden und handwerklichen Können die Marke enSoie, während ihr Mann die bekannte Elektropop-Band Yello gründet. Die Produktpalette der »Sourire enSoie AG« erweitert sich systematisch um Keramik, Schmuck und Leder. Vasen, Becher und Teller werden ebenso in Vichy-Muster gestaltet wie Baumwollschürzen und Handtücher. 2010 übernehmen die drei Töchter Eleonore, Sophie und Anna die Leitung des Hauses.

TEXTNACHWEISE

Fiona Bennett

www.fionabennett.de (Mit umfangreicher Sammlung von Presseartikeln)

Sichelschmidt, Eva; Bennett, Fiona: Vom Locken der Federn. Berlin 2013.

Tamara Comolli

www.tamaracomolli.com

Goldschmiede Zeitung, 1. April 2020: »Es wird weitergehen, aber anders«.

Bierling, Kathrin: »Basics – Wenn ich bei Null anfangen müsste«. In: Modepilot, 18. Juni 2017.

Ruder, Marlena: »Meine Kundinnen sind Frauen, die Luxus mögen, ihn aber nicht zur Schau stellen.« In: Bellevue NZZ, 5. Juli 2018.

Basel World, 30. April 2019: „Casual luxury has many of potential. Tamara Comolli sets the course oft he future.

Anna Demel

Baur, Eva Gesine; Seinhilber, Berthold: Wiener Geschichten: ein Streifzug durch Beisln, Bars, Kaffeehäuser der Künstler. München 2006.

Von Berzeviczy-Pallavicini, Federico; Brandstätter, Christian; Hubmann, Franz: Die k.k. Hofzuckerbäckerei Demel. Ein Wiener Märchen. Wien 1976.

Haslinger, Ingrid: Kunde – Kaiser. Die Geschichte der ehemaligen k.u.k. Hoflieferanten. Wien 1996.

Kalmár, János; Waldstein, Mella: K.u.K. Hoflieferanten Wiens. Graz 2001.

Link, Olaf: Geschichte(n) Wiener Kaffeehäuser. Würzburg 2011.

www.demel.com

Juliane Eller

www.juwel.de

www.marc-cain.com

Brinkhoff, Anissa: »Winzerin, Rolemodel, Instagrammerin: Juliane Eller von JUWEL-Weine«. In: Brigitte online, 21. Januar 2020.

Neubecker, Christine: »Auf ein Glas mit Juliane Eller und Stefan Winter. Wir trinken privat fast keinen.« In: Meininger, Ausgabe: 02/2020.

Wachter, Denise Snieguole: »Winzerin Juliane Eller. Das ist die Frau, die hinter dem Wein von Joko und Matthias Schweighöfer steckt«. In: STERN, 6. Juli 2018.

»Wie eine junge Frau aus Alsheim die Weinwelt revolutioniert«. In: SWR, Landesschau, 9. Mai 2020.

Petra Hartlieb

www.hartliebs.at

Hartlieb, Petra: Meine wundervolle Buchhandlung. Köln 2014.

Hartlieb, Petra: Weihnachten in der wundervollen Buchhandlung. Köln 2018.

Platthaus, Andreas: »Deutscher Buchpreis. Die Buchverhinderer«. In: FAZ, 10. Oktober 2019.

Scholz, Nikolaus: »Petra Hartlieb und ihre wundervolle Buchhandlung«. In: Ö1 Tonspuren, 30. Juni 2020.

Wallner, Anna-Maria: »Zehn Jahre Familienabenteuer: Wenn eine Buchhändlerin schreibt«. In: Die Presse, 12. September 2014.

Luise Händlmaier

Wochenblatt 10. November 2010: »Senf war Muttis Leidenschaft. Luise Händmaier würde 100.«

www.haendlmaier.de

Käthe Kruse

Abels, Ursula (Hg.): »Mein liebes Bärchen«. Briefwechsel mit Käthe Kruse.1996.

Ausstellungsbeiheft: Käthe Kruse und ihre Puppen. Romanisches Haus Bad Kösen 2020.

Katz, Gabriele: Käthe Kruse: Ein Leben. 2015.

Katz, Gabriele: Käthe Kruse: Die Biografie. 2010.

Kruse, Käthe: »Ich und meine Puppen«. Freiburg 1990.

Kruse, Käthe: Das große Puppenspiel. Mein Leben. 1996.

Kruse, Max: Die versunkene Zeit. Bilder einer Kindheit im Käthe-Kruse-Haus. 1983.

Kruse, Max; Kimmerle, Michael: Im Wandel der Zeit. Wie ich wurde, was ich bin. 2011.

Kruse Max: Die verwandelte Zeit: Der Aufbau der Käthe-Kruse Werkstatt in Bad Pyrmont. 1996.

Reinelt, Sabine: Käthe Kruse: Auf dem Höhepunkt ihres Schaffens. 1997.

Anna, Eleonore, Sophie Meier

www.ensoie.com

Bornhauser, Anna: »En Soie: Zu Besuch bei Eleonore Meier und ihrer Familie in Los Angeles«. In: Annabelle, 30. Juli 2014.

Klemenz, Philippe: »Sophie und Eleonore: Die talentierten Töchter des Dieter Meier«. In: SRF, Glanz und Gloria, 13. April 2016.

Meier, Sophie: Familiengeschichten und Geheimrezepte. Cookbook.

Ochsenbein, Tobias: »Zwei Schwestern«. In: Neue Zürcher Zeitung, 30. Oktober 2016.

Pfenninger, Tessa: »Ensoie – Die kunterbunte Welt der Familie Meier«. www.thebrander.com.

Schuepp, Werner: »Den Faden nicht verlieren«. In: Tagesanzeiger, 9. April 2014.

Van Jooijen, Jereon: »Mit Leidenschaft fürs Handwerk«. In: swisstextiles.com, 11. November 2017.

Julia Maria Pasch

www.paschviolins.com

Hausenblas, Michael: »Julia Maria Pasch: ›Ich möchte Stradivari nicht kopieren‹«. In: Der Standard 11. Juli 2019.

SWR1, Baden-Württemberg, Leute, 27. Juli 2018, 10 Uhr: »Geigenbauerin gilt als Meisterin ihres Fachs – Julia Maria Pasch.«

Schuster, Ulrike: »Erste Geige«. In: Süddeutsche Zeitung, 12. Januar 2018.

Therese Randlkofer

Bergmann, Jens: »Was Marken nützt. Der Laden«. brand eins 2007.

Krauss, Marita: Königlich bayerische Hoflieferanten. München 2009.

Pfannenschmidt, Christian: »Ohrenpomp und Dosenwurst. Was ein berühmtes Feinkosthaus seinen Kunden beschert«. In: Die ZEIT, 14. Dezember 1984.

Dallmayr Archiv

www.dallmayr.com

Sophie Schweisfurth

www.herrmannsdorfer.de

www.schweisfurth-stiftung.de

Fischer, Gabi: »Sophie Schweisfurth, Bio-Unternehmerin – Warum Sie gerne die Chefin ihres Opas wurde«. In: Die Blaue Coach, 31. Januar 2019.

Gorgs, Daniela: »Generationswechsel: neue Chefin in Herrmannsdorf – Im Auftrag des Großvaters«. In: Süddeutsche Zeitung, 31. Mai 1018.

Schweisfurth, Karl Ludwig; Schweisfurth, Sophie: Das geht so nicht weiter! Die Würde des Tieres ist unanstastbar. 2019.

»Bio-Unternehmerin Sophie Schweisfurth zu Gast«. In: DAS! NDR, 29. September 2019.

Elisabeth Sigmund

Elisabeth Sigmund: Heilende Kosmetik nach Elisabeth Sigmund. Eckwälden 1973.

www.dr.hauschka.com

Douce Steiner

www.douce-steiner.de (hier Artikel und Videos)

Strobel Y Serra, Jakob: »Die einzige Frau, die eine Haute-Cousine-Dynastie begründen könnte«. In: FAZ, 30. August 2018.

Steiner, Douce: Rezepte fürs Leben. Das Kochbuch für meine Tochter Justine. Aarau 2017.

Katrin Stoll

www.neumeister.com

Barnebys.de: »Im Gespräch mit Katrin Stoll vom Auktionshaus Neumeister.« 11. Dezember 2018.

Hopp, Meike: Kunsthandel im Nationalsozialismus: Adolf Weinmüller in München und Wien. Köln 2012.

Sachs, Brita: »Das Erbe des Auktionators. Neumeister in München versteigert die umfangreiche Sammlung des Firmengründers«. In: FAZ, 18. Oktober 2019.

Von Pölnitz-Egloffstein, Monika; Groß, Stefan: „Im Interview Katrin Stoll – Inhaberin des Auktionshauses NEUMEISTER in München. In: tabularasa, Zeitung für Gesellschaft und Kultur, 1. August 2013.

Timm, Tobias: »So geht Aufklärung. Auktionshaus Neumeister«. In: Die ZEIT, 8. Oktober 2015.

Spindler, Sabine: »Rudolf Neumeister: Der kunstsinnige Patriarch«. In: Weltkunst, 4. Oktober 2019.

Voss, Julia: »Die Raubkunst der Nazis in deutschen Wohnzimmern«. In: FAZ, 27. Mai 2014.

Beatrice von Tresckow

Burchardt, Astrid: »Bird of Paradies«; www.astridburchardt.com

Von Voss, Huberta: »Frauen sollen mehr Spaß haben, sich zu kleiden«. In: Die WELT, 9. März 2019.

www.beatricevontresckow.com

Innegrit Volkhardt

www.bayerischerhof.de

Bayerischer Hof (Hg.): Begegnungen. 175 Jahre Bayerischer Hof.

Hochkeppel, Oliver: »Eine Richtung für die Stadt«. In: Süddeutsche Zeitung, 9. September 2020.

Jakobs, Hans-Jürgen: »So will die Besitzerin des Grandhotels ›Bayerischer Hof‹ den Corona-Schock überwinden«. In: Handelsblatt, 3. Juni 2020.

Lejeune: »Innegrit Volkhardt«. In: München TV, 27. Juli 2016.

Talk mit Hotelchefin Innegrit Volkhardt. Typisch deutsch. In: Deutsche Welle, 11. November 2013.

Isabel Zapf

www.z-ora.com

Pauline Zimmerli

www.zimmerli.com

Blum, Kurt: »Eine mutige Frau schreibt Industriegeschichte«. In: Aargauer Zeitung, 9. Februar 2004.

Parzer-Epp, Verena; Wirtz, Claudia: Wegbereiterinnen der modernen Schweiz. Frauen, die die Freiheit lebten. Zürich 2014.

LITERATURNACHWEISE

Bandhauer-Schöffmann, Irene; Bendl, Regine: Geschichte und Gegenwart selbständiger Erwerbsarbeit von Frauen. Frankfurt a.M. 2000.

Bertelsmann Stiftung (Hg.): Frauen auf dem deutschen Arbeitsmarkt. Was es sie kostet, Mutter zu sein. 2020.

Bundesverband Deutsche Startups e.V. (Hg.): Female Founders Monitor 2019.

Döbler, Thomas: Frauen als Unternehmerinnen. Erfolgspotenziale weiblicher Selbständiger. Wiesbaden 1998.

Eifert, Christiane: Deutsche Unternehmerinnen im 20. Jahrhundert. München 2012.

FidAR, BMFSFJ (Hg.) Women-on-Board-Index 185, 2020.

Freigang, Caroline; Burth, Lisa: »Wie Gründerinnen in der Schweiz durchstarten«. In: Handelszeitung, 3. November 2016.

Gauto, Anna: »Frauen haben es in der Start-up-Welt noch immer schwer«. In: Handelsblatt, 2. Juli 2020.

Jäkel-Wurzer, Daniela; Ott, Kerstin: Töchter im Familienunternehmen. Wie weibliche Nachfolge gelingt und Familienunternehmen positiv verändert. 2014.

KfW Research (Hg.): KfW Gründungsmonitor 2020.

Gode, Solveig: »Studie: Frauen gründen weniger Startups, weil sie nicht auf die eigene Fähigkeit vertrauen.« In: Business Insider 10. April 2020.

Klafl, Christine: »Start-ups in Österreich – Nur 18 Prozent von Frauen gegründet.« In: Kurier, 7. März 2020.

Krische-Küderli, Rosa: Das Patriarchat der deutschen Wirtschaft. Wie Gendertypisierung den Führungsanspruch von Frauen in Deutschland untergräbt. 2020.

OECD/EU (Hg.): Kurzdossier zum weiblichen Unternehmertum, 2017.

Otten-Pappas, Dominique; Jäkel-Wurzer, Daniela: Weibliche Nachfolge. Ausnahme oder Regelfall? Witten 2017.

VdU (Hg.): »Unternehmerinnenumfrage zur Corona-Epidemie«, 27. April 2020.

WSI-Report (Hg.): Stand der Gleichstellung von Frauen und Männer in Deutschland. Februar 2020.

Weinmann, Lea: »Start-ups –«Bei meinem Pitch sitzen fast nur weiße, alte Männer". In: Süddeutsche Zeitung, 24. November 2019.

World Economic Forum (Hg.) Global Gender Gap Report 2020.

BILDNACHWEISE

Umschlag: siehe S. 100, 136, 142, 72, 10, 32, 124, 110, 26, 18, 58, 48, 66, 40, 86, 80
9 Norbert Pasch / ullstein bild-Teutopress / Joachim Gern / Beatrice von Tresckow / Tamara Comolli; 10 ullstein bild; 15 ullstein bild; 18 Max Hytrek; 20 Julia Maria Pasch; 23 Jan Röhrmann; 26, 28, 29, 30 Tamara Comolli; 32, 36 Joachim Gern; 40, 42 Beatrice von Tresckow; 46 WALA Heilmittel-Historisches Firmenarchiv / Isabel Zapf / Herrmannsdorfer Landwerkstätten / Zimmerli / Viktoria Frister; 48, 50, 51 WALA Heilmittel-Historisches Firmenarchiv; 54 Zimmerli; 58, 61, 62, 65 Herrmannsdorfer Landwerkstätten; 66, 69, 71 Isabel Zapf; 72, 75, 76 Viktoria Frister; 78 Michael Wissing / Heribert Corn / Anja Wechsler / Viola Fuchs / Österreichische Nationalbibliothek; 80 Österreichische Nationalbibliothek; 83, 84 Demel; 86 Heribert Corn; 91 Nathan Murrell; 94, 96, 97, 98 Viola Fuchs; 99 Gewürzmüller Wiesbaden; 100 Anja Wechsler; 103, 106 Hotel Bayerischer Hof; 110, 111, 112, 117 Michael Wissing; 118 Juliane Eller / Dallmayr / Katrin Stoll / enSoie / Händlmaier; 120, 122 Dallmayr; 124, 127 Juliane Eller; 131 Peter Bender; 132, 135 Händlmaier; 136, 139 Katrin Stoll; 142, 144, 147 enSoie

BARBARA KLEMM

Die Öffnung des Brandenburger Tors
am 22. Dezember 1989
Ein Bild und seine Geschichte

ULRICH RAULFF

Revision eines Ereignisses
Ein Essay

SCHIRMER/MOSEL

Nachweise

S. 40: Wikimedia; S. 41: Bundesarchiv, Bild 137–048390;
S. 42: Bundesarchiv B 145 Bild-F065142-0005

Den Text zur *Baugeschichte des Brandenburger Tors* verfasste Birgit Mayer.

Layout: Simon Distenfeld
Lithographie: BayerMedia, München
Druck und Bindung: PB tisk, Příbram, Tschechien

ISBN 978-3-8296-0979-1

Eine Schirmer/Mosel-Produktion
www.schirmer-mosel.com

BARBARA KLEMM, 1939 in Münster/Westfalen geboren, trat nach einer Ausbildung in einem Portraitatelier in Karlsruhe ab 1959 eine Stelle als Fotolaborantin bei der *Frankfurter Allgemeinen Zeitung* an. Sie belieferte die Redaktion bald mit eigenen Bildern, zunächst in freier Mitarbeit, ab 1970 bis Ende 2005 als festangestellte Redaktionsfotografin für Politik und Feuilleton.

Zahlreiche Ausstellungen wurden Barbara Klemms fotografischer Arbeit schon gewidmet, etwa 1999 im Deutschen Historischen Museum in Berlin und 2013 eine Retrospektive im Martin-Gropius-Bau in Berlin. Barbara Klemm wurde u. a. mit dem Dr.-Erich-Salomon-Preis für Fotografie, dem Hessischen Kulturpreis und dem Max-Beckmann-Preis der Stadt Frankfurt am Main ausgezeichnet. 2010 wurde sie in den Orden Pour le mérite für Wissenschaften und Künste aufgenommen. Barbara Klemm lebt in Frankfurt am Main.

BARBARA KLEMM

Tafeln

BARBARA KLEMM

Willy Brandt, Dietrich Stobbe und Walter Momper an der Mauer, Berlin, 10. November 1989

BARBARA KLEMM Mädchen mit Volkspolizist, Fall der Mauer, am Brandenburger Tor, Berlin, 10. November 1989

BARBARA KLEMM Bundeskanzler Helmut Kohls erste Rede in der DDR, Dresden, 19. Dezember 1989

BARBARA KLEMM Öffnung des Brandenburger Tors, Berlin, 22. Dezember 1989

DEUTSCHLAND
EINIG VATERLAND

Ulrich Raulff

Revision eines Ereignisses

Barbara Klemm fotografiert die Öffnung des Brandenburger Tors am 22. Dezember 1989

It's not dark yet, but it's gettin' there.

BOB DYLAN

Es ist ein berühmtes Foto. Jeder kennt es, jede hat es schon einmal gesehen. Erkennt es wieder und erinnert sich, ach ja, das Brandenburger Tor, die Wiedervereinigung. Einer von diesen Abenden, die man später historisch nennen wird. Augenblicke, in denen eine Epoche vorbei ist und etwas Neues beginnt. Und schon stellt der Name der Fotografin sich ein, Barbara Klemm. Auch sie kennt jeder, sie ist berühmt wie ihre Bilder. Eine große Künstlerin, sagt man und nickt. Aber was lässt ein Foto zu einer Berühmtheit werden. Was macht ein gutes Foto aus. Eines das bleibt, sich einprägt und selbst historisch wird. In dem nach Jahrzehnten noch eine Generation ihr Schicksal liest und eine Zeit sich wiedererkennt. Wie war das möglich, wie kam es zustande. Was ist darauf zu sehen, wer waren die Akteure. Und was ist das besondere Etwas an diesem Bild, das, wie die Fotografin sagt, den Betrachter „anfunkelt". Anfunkelt wie Christian Morgensterns Auge einer Maus.

Man muss lernen, sich aus dem Geschehen herauszunehmen, sagt die Fotografin, nur aus der beobachtenden Perspektive gelingen gute Bilder. Aber an welche Perspektive denkt sie, wenn sie das sagt? Gibt es nicht zahllose davon, für alle möglichen Leute, die sich als passionierte Beobachter verstehen, *bird watcher, train spotter*, Wissenschaftler, Beobachter der Börse und der Vulkane. Und übrigens gibt es auch Beobachter zweiten Grades, solche, die sich beim Zusehen selbst zusehen, eine Haltung, die schon Goethe in Italien geübt hat.

Unter all diesen Perspektiven sind zwei, denen unsere Kultur eine besondere Rolle zugewiesen hat, der Zuschauer im Theater und die Zeugin eines akzidentellen oder kriminellen Geschehens. Beide spielen eine nicht unerhebliche Rolle in den Wahrheitsproduktionen, an denen sie beteiligt sind. Der eine als Teil des Publikums, das einem Kunstereignis beiwohnt, die andere als Beobachterin einer Begebenheit, die nach Beglaubigung verlangt. Für die eine Rolle entscheidet man sich freiwillig, in die andere wird man geworfen. Wer sich, wie Barbara Klemm, als Zeitungsfotografin den Aktionen der Politik und dem Geschehen auf der Straße widmet, steht naturgemäß dem zweiten Typ, der Zeugin, näher. Umso merkwürdiger, wenn ausgerechnet die berühmtesten Bilder dieser Zeugin, man denke an Brandt und Breschnew im Gespräch, wieder wie Bühnenbilder anmuten. Szenen einer Politik, die als Kammerspiel auftritt.

Liegt es an der Bildregie der Fotografin? Die aber versichert, sie habe ihre Bilder niemals inszeniert. Eher also an der Neigung der politischen Akteure, sich als dramatische Helden und Diven zu geben. Denn die Politik liebt es, sich als Stück auf dem Welttheater zu präsentieren. Dafür braucht sie die Zuschauer und die Zeugen, die Kameras und die Medien. Vorsorglich hat sie ihnen den Zuschauersaal eingerichtet und den Ort angewiesen, von dem aus sie Zeugnis geben sollen. Aber die Fotografin will davon nichts wissen. Verschmäht den Zuschauersaal, verweigert den präparierten Zeugenstand. Bricht aus, umkreist das Geschehen. Wachsam, unruhig, selbstvergessen.

Man sei Meute, hat Barbara Klemm gesagt, immer wenn man zu Dutzenden dicht gedrängt stehe und trotzdem etwas Aussagekräftiges zustande bringen solle. Ein Bild, das alles sagt, das ein komplexes Geschehen gültig zusammenfasst. So will es der klassische Anspruch, den Augenblick darstellen, in dem das Ereignis über sich hinauswächst. Den Augenblick, in dem es zum Symbol wird. Das fatale Erbe der Historien- und Schlachtenmalerei, vor nichts muss die Fotografie sich mehr hüten. Weh dem, der Symbole sieht, von Allegorien ganz zu schweigen.

Fotografie bringt eigene Wahrheitskriterien ins Spiel. Neben dem Ereignis selbst muss sie das Flüchtige des Augenblicks, das Ungestellte und Ungesicherte vermitteln. Ungesagt am Rand des Abgebildeten muss der drohende Absturz spürbar bleiben. Unsichtbar, im *Off* des Bildes, der Orkus der Zeit und die Nervosität der Fotografin. Man muss die Meute hinter sich lassen, den Zuschauersaal und den Zeugenstand. Das Podest verlassen, das für die Fotografen bestimmt war. Ins Freie kommen, ins Offene.

Distanz halten zum Geschehen und doch sich treiben lassen. Mit dem Schwarm ziehen, in der Menge untertauchen.

Unsichtbar werden als Zeugin, als die Beobachterin, die man ist. Désinvolture, nur nicht selbst intervenieren. Die Fotografin hat eine strenge Verhaltenslehre für sich selbst entwickelt. Sie umfasst nur wenige Grundsätze, aber die sind entscheidend und müssen genau befolgt werden. Allesamt beruhen sie auf Erfahrung, wieder und wieder gemacht, auf Selbstbeobachtung der Beobachterin. Nichts an diesen Grundsätzen ist esoterisch, kein Guru hat sie erfunden. Kein Kopfstand, kein Yoga.

Aber sie bilden auch keinen Katechismus. Eher einen Habitus als eine Lehre. Was die Fotografin sich angeeignet und zum Teil ihres Habitus gemacht hat, entstammt der Praxis. Die Straße war ihre Lehrmeisterin.

Entscheidend ist die Kraft der Konzentration, lässt diese nach, sinkt die Qualität der Bilder. Gute Fotos entstehen nicht im lässigen Draufhalten. Allerdings müssen Leichtigkeit und Schnelligkeit zur Konzentration hinzukommen, das Vertrauen in die Intuition und die Fähigkeit, zu handeln. Rasch und entschlossen, ohne Zögern. Im Puls der Ereignisse, im Rhythmus ihrer Emergenz. Wer stehenbleibt, wer nachdenkt, hat verloren. Der Augenblick huscht vorbei, die Situation kehrt nicht wieder, das verpasste Bild holt keine Macht zurück.

Am Abend des 9. November öffnet sich die Mauer. *Das tritt nach meiner Kenntnis … ist das sofort, unverzüglich.* Ein Missverständnis hat alles ausgelöst, ein Hörfehler mit Folgen. Am nächsten Morgen ist Barbara Klemm in Berlin. Die Nachrichtenlage sagt, Willy Brandt werde zur Mauer kommen. Die Fotografin weiß, was sie will, Brandt vor der geöffneten Mauer.

Das wird das Bild sein. Aber als Brandt tatsächlich eintrifft, flankiert von zwei Bürgermeistern, dem aktuellen und einem früheren, steht Barbara Klemm hoch oben auf der Mauer. Es gibt nur eine einzige Leiter, um nach unten zu kommen, vor ihr und weiter unten ist wüstes Gedränge. Meute. Keine Chance, den Ort zu wechseln. Also fotografiert sie Willy Brandt und seine Begleiter in der Aufsicht. Sie macht ein Foto der Menge, die sich um einen Kreis in ihrer Mitte öffnet. Sie sieht den Wirbel im Strom und darin ein Triangel: drei Männer in dunklen Anzügen. Vestimentäre Distanzgesten. Um sie herum Sicherheitsleute, herandrängende Fotografen. Der Mann an der Spitze des Dreiecks trägt seinen Kopf, als wäre er aus Stein. Eine Skulptur, eine Monstranz. Nur widerwillig teilt sich die Flut, Moses durchschreitet das Meer. Vor sich sieht er das Land, gelobt und verflucht. Die Mauer ist offen.

Seit dem Vorabend dreht sich alles um ein Stück Beton. Ein Vierteljahrhundert lang hat sich an der Mauer die Tragödie der deutschen Teilung abgespielt. Die Todesschüsse, die Konfrontation der Blöcke. Auf der Westseite gaben ihr Graffiti ein Gesicht, Aussichtsplattformen einen touristischen Wert. Die Ostseite blieb unbeschriftet; nachts lag sie im Scheinwerferlicht. Seit den Abendstunden des 9. November wird die Mauer zum Schauplatz eines mehrtägigen Fests. Saturnalien, Woodstock, wir sind das Volk. Lachende, schreiende, tanzende Menschen. Sektflaschen, Zigaretten und Fotos ohne Ende. Die Stunde der Smartphones, Selfies und Milliarden Fotos im Netz hat noch nicht geschlagen, Digitalität ist noch ein Fremdwort. Und doch verbreiten sich in kurzer Zeit Tausende von Fotos des Geschehens. Auf allen wird der Protagonist des

Stückes zu sehen sein, ein Streifen grauer Beton, Ausweis des historischen Hier und Jetzt, Garant der Authentizität. Die Mauer und auf ihr die Singenden, Trinkenden und einander Fotografierenden. Fotos eines großen, unblutig verlaufenden Ereignisses, Politik auf der Straße, aber ohne Panzer. Bilder eines Fests.

Auch Barbara Klemm fotografiert das Fest und seine Akteure, allen voran seine historische Hauptperson, die Mauer. Aber ihr stärkstes Bild zeigt diese gar nicht. Es zeigt drei Menschen, die sich auf sie zu bewegen. Die Präsenz der Mauer ist größer als ihre Sichtbarkeit. Barbara Klemms Bild von Brandt am 10. November beweist es. Ihr Foto der abwesenden Mauer ist stärker als alle Bilder des zivil erstürmten, von Feiernden eroberten Monuments. Der subtraktive Zeigeakt des Bildes löst im Kopf des Betrachters den umgekehrten Vorgang aus, eine Addition. Die Fotografie spielt mit dem Wissen des Betrachters, zeigt ihm, dass er mehr weiß als er sieht. Lehrt ihn, wie Sehen funktioniert, aktiv, additiv. Es fügt hinzu, greift ein, füllt aus. Beschwört Geister. Sehen heißt früher Gesehenes aktivieren, das Bildgedächtnis in Gang setzen. Wiedererkennen des Erkannten.

Historische Ereignisse sind wie Schneebälle, sie bestehen aus Millionen komprimierter Eiskristalle. Im Fall der Menschengeschichte bestehen die Kristalle aus Partikeln des Geschehens, einzelnen Gesten, Bewegungen, Rufen, Blicken. Bruchteile der zahllosen Sequenzen, die in ihrer Summe das Ereignis ausmachen. Den Schneeball der Geschichte. Georg Simmel hat sich die Frage gestellt, wie dicht man den Atomen des Geschehens kommen kann, ohne dass ein Ereignis in lauter

Diskontinuitäten zerfällt. Und damit jeden historischen Sinn verliert. Simmels Beispiel ist die Schlacht von Kunersdorf, einer der Wendepunkte des Siebenjährigen Krieges.

Auch dieses historische Großereignis lässt sich, wie der Philosoph zeigt, in eine endlose Folge von Momentbildern zerlegen, Lärm, Rauch, Schweiß auf Gesichtern, Schreie, zusammenbrechende Körper. Jedes dieser Bildatome sei, wie Simmel sagt, eines nah an das andere herangedrängt, und doch bleibe „zwischen beiden das Intervall, das gar nicht ausgefüllt werden kann". Was für ein Intervall ist das, und warum kann es nicht ausgefüllt werden? Simmels Antwort zeigt, wie fotografisch oder malerisch, aber immer aus Einzelbildern zusammengesetzt er sich den Film der Geschichte denkt: weil sonst die „Bildhaftigkeit und sozusagen Eingerahmtheit des Einzelnen" aufgehoben würde, die seine Rolle als einzelnes historisches Element ausmachen.

Niemand ist mit der Atomistik des historischen Geschehens intimer vertraut als die Fotografin. Sie muss sich aus der Totalansicht lösen, um das Ganze in der Einzelheit abzubilden, den Schneeball im einzelnen Kristall. Sie muss auf der Ebene der Kristalle operieren, der Ebene der Details. Aber nicht alle Details sind, mit den Worten der Fotografin, *aussagekräftig*. Nicht alle besagen etwas über die größere Situation, in der sie auftreten. Die Fotografin muss das Detail bemerken, das Auskunft gibt über etwas, das mehr ist als es selbst. Woran erkennt man das sprechende Detail?

Es ist ein kurzer Blickwechsel, ein flüchtiger Kontakt zwischen einer jungen Frau, die auf der Mauer sitzt und einem jungen uniformierten Mann, der drei, vier Meter entfernt unter ihr steht. Beide lächeln, sie hält ihm einen Stift hin, er soll ihr etwas auf den Arm schreiben, seinen Namen vielleicht, seine Telefonnummer. Er wird den Stift nicht ergreifen können, die Mauer ist zu hoch, zudem steht er in einer Reihe anderer Vopos, ratlose Bauern auf einem wackligen Schachbrett. Auf den Platz hinter ihnen wirft die flache Herbstsonne die Schatten der auf der Mauer Sitzenden. Wie Zacken einer Säge. Und obwohl es zwischen den beiden, der Frau aus dem Westen und dem Mann aus dem Osten, bei einer spielerischen Geste bleibt, der bloßen Andeutung einer Möglichkeit, strahlen sie einander an. Zwei junge Menschen an einem Morgen, wie es noch keinen gab. Ein Atom des Ereignisses, ein Detail. Es spricht von der Stimmung dieses Novembertags, von der Ausgelassenheit der Menschen und dem Endspiel eines Regimes, dessen uniformierte Vertreter auf dem Platz alle Posen der Ratlosigkeit und Verlorenheit einnehmen. Bis auf einen, der augenblicklich seine Verlegenheit abgeschüttelt hat. Er flirtet.

Der Fall der Mauer. Lässt sich ein Ereignis solcher Größe auserzählen? So ähnlich lautet Simmels Frage an die Historiker, aber da ist er an die Falschen geraten. Wie interessant wären die Antworten gewesen, hätte er die Literatur befragt, man denke an die Figur des Fabrizio, die Stendhal benutzt, um mit ihr das Großereignis „Waterloo" aufzubrechen, es in einer Unzahl sinnloser Momente buchstäblich zu pulverisieren. Aber das ist kein Verfahren für Historiker, die von Berufs wegen süchtig nach Synthesen sind. Historiker wollen das Ereignis zusammenfassen, es auspressen, bis es seinen Sinn hergibt wie die Zitrone ihren Saft.

Wie anders die Fotografin. Sie sucht nicht die Schließung des Ereignisses, seine Zusammenfassung in einem Tableau, sie steht der Literatur näher als der Geschichte. Die Fotografin lässt die Zitrone ihren Saft verspritzen, ihre Kerne verschleudern, sie geht den Weg Stendhals, den Weg der Verstreuung. In der Gleichzeitigkeit von Ungleichzeitigkeiten vermittelt sie ein Bild der wimmelnden Teilchen. Auch die Fotografin schreibt an einer Geschichte, doch statt den strengen Enkeln Rankes folgt sie lieber Balzac und seiner Idee einer *Histoire oubliée*, der vergessenen Geschichte der Leidenschaften und der Gefühle. Sie zeigt die Elemente, zwischen denen sich diese andere, tiefere Geschichte ereignet: ein Stift, ein Lächeln und die Depression der zerfallenden Macht.

Die Mauer steht offen, seit dem 9. November abends ist sie passierbar geworden. Offen von beiden Seiten, ohne Visum, ohne Passierschein, ohne Eintrag in der Normannenstraße. Nur Augenblicke sind vergangen, und schon durchqueren die ersten Autos, Schlangen von Trabis, den bis vor kurzem noch undurchdringlichen Verhau. Reger Verkehr setzt ein, durchsetzt von Staus, Normalität ist ein schneller Vogel. Aber das Tor bleibt verschlossen. Das Brandenburger Tor, Wahrzeichen der Stadt, weltweit bekannt. *Mister Gorbachev, open this gate.* Aber zuerst müssen die Sperren beseitigt werden, das sonderbare Glacis. Das Tor ist umgeben von einer Zone eigener Art, Symbole haben ihren eigenen Sperrbezirk. Wann wird das Tor geöffnet, es gibt Gerüchte, aber keine Gewissheit. Dann kommt der 19. Dezember, der Tag von Dresden, der Abend, an dem Helmut Kohl sich erklärt. In drei Tagen wird das Tor geöffnet werden. Am 22. Dezember, zwei Tage vor Weihnachten.

Wer weiß, was damals am Rande passierte, nebenbei und zwischendurch. In der Zeit zwischen den markanten Ereignissen, den Intervallen. Rückblickend kann sich keiner mehr erinnern. Als hätte die Zeit den Atem angehalten. Wie Felsen im Meer werden die Ereignisse von 89 irgendwann vom Salz der Erinnerung überkrustet sein. Flechten endlos wiederholter Erzählungen. Auch die ereignislosen Zwischenzeiten, die scheinbar leeren Momente, sind durchzogen von Sequenzen, die irgendwann beginnen, eine Zeitlang dauern und wieder enden. „Parallelgeschichten" nennt der ungarische Autor Peter Nádas solche Sequenzen. Fortwährend durchkreuzt, verflechten sie sich zu Schicksalen, gleichgültig, ob der Wellengang der Geschichte sie registriert oder nicht. Indifferent gegen die Ereignisfolgen, die die Historiker aufgeschrieben haben.

Mit einer Sequenz, die parallel zu den Ereignissen der deutschen Wiedervereinigung im Herbst und Winter 1989 abläuft, lässt Nádas sein großes Panorama des vergangenen Jahrhunderts beginnen. Eine Parallelgeschichte aus dem Winter 1989, wenige Tage vor Weihnachten. Auf einer Bank im Berliner Tiergarten bemerkt ein Jogger im Morgengrauen die Leiche eines Mannes, auf der schon Schnee liegt, ein aus Ungarn stammender Kommissar beginnt zu ermitteln … Der Autor zieht einen ersten Schicksalsfaden, verknüpft ihn mit einem anderen, ein Gewebe entsteht. Es ist, als würde das 20. Jahrhundert noch einmal sichtbar, mit allen Schrecken, allen Illusionen. Es gibt nur achtzehn Menschen auf der Welt, hat Georg Simmel einmal gesagt, aber sie bewegen sich so schnell, dass man denkt, es seien Millionen.

Dresden, 19. Dezember. Es ist der erste Auftritt des Bundeskanzlers im Osten, Helmut Kohls erste Rede in dem Land, das immer noch DDR heißt. Die Stimmung ist angespannt, erregt, Nationalismus liegt in der Luft, Euphorie und Gewalt, ein explosives Gemisch. Eine Situation, in der alles passieren kann. Ein falsches Wort, ein Funke genügt. Kohl spürt das, spricht vorsichtig, wägt seine Worte. Er ist spät gekommen, der Wintertag schon dunkel, das Licht verschluckt. Die Fotografin hat lange gewartet, ist unruhig geworden. Sie hat sich die Pressekonferenz geschenkt, die Innenräume, das Gedränge, die immer gleichen Gesichter der Macht. Sie wollte den Kanzler im Freien fotografieren, vor der Ruine der Frauenkirche. Jetzt ist das Licht weg, und da sie ohne Blitz fotografiert, auf vorhandenes Licht vertrauend, fragt sie sich, wie sie zu ihrem Bild kommen soll. Aber dann flammen die Scheinwerfer der Fernsehteams auf und tauchen Kohl, die Tribüne und einen Teil seines Publikums mit ihren Fahnen in grelle, scharfe Beleuchtung. Ein Strom aus Licht fließt dem Podium entgegen und trägt die Fahnen der Demonstranten. Wie auf einem Stich von Piranesi schimmern die geschwärzten Reste der Frauenkirche aus der Finsternis hinter der Tribüne.

Im Gespräch mit Claus Heinrich Meyer schildert Barbara Klemm die Geschichte dieses Bildes. Gemeinsam arbeiten sie, der Kenner und die Fotografin, heraus, wie sich im Lauf des Tages der Fokus der Aufmerksamkeit verschiebt: von der Nahaufnahme der zentralen Akteure, Helmut Kohl, Hans Modrow, hin zur Totale des Ereignisses. Vom mobilen *ad hoc* des Geschehens zu dessen überwältigender Räumlichkeit. Tatsächlich verlangt unser Sinn für Geschichte beides, und beides im Wechsel, das sprechende Detail und das Panorama, die Einzelheit und das Ganze. Neben so vielen flüchtigen Momenten das eine, umfassende Gesamtbild. Nach tausend Episoden endlich die Epoche. Barbara Klemms Foto des 19. Dezember in Dresden ist ein epochales Bild. Es macht etwas sichtbar und sinnfällig, was in den Büchern begraben lag. Es zeigt den Stoff, aus dem Geschichte gemacht ist, den Rausch und die Erregung, die Reden und Gesten, das Licht und die Fahnen. Geschichte, daran erinnert dieses Bild, das sind eigentlich Menschen mit Fahnen. Was wird aus der Geschichte werden, wenn es eines Tages keine Menschen mehr gibt, die Fahnen vor sich hertragen, Menschen, die symbolisch handeln?

An diesem Abend in Dresden entsteht ein Bild, das in der Ikonografie der deutschen Revolten und Aufstände nicht seinesgleichen hat. Die Fotografin fährt zurück nach Frankfurt. Redaktion, Dunkelkammer, Nachbearbeitung. Das Bild ins Blatt bringen, der letzte Teil der Arbeit ist nicht der unwichtigste. Erst danach ist Zeit für die Erschöpfung. Barbara Klemm hat keine Kraft mehr, drei Tage später wieder nach Berlin zu fahren. Und fährt am Ende doch, will sehen, was passiert. Muss dabei sein, aufnehmen, bezeugen, berichten. Man hört ja nicht plötzlich auf zu atmen.

Der 9. November war eine kurze Ohnmacht, eine Bewusstseinstrübung der Macht, gefolgt von der größten Party, die die Deutschen je gefeiert haben, spontan, überschäumend, sektbefeuert. Der 19. Dezember in Dresden war eine nationale Erhebung, ein Fahnenmeer, ein Volksbegehren. Ein Echo von Hambach. Was soll der 22. Dezember jetzt noch bringen. Alle Kelche sind geleert, alle Messen gelesen. Bloß nicht für die

Regisseure der Politik. Sie träumen vom Glück der Befreiten und ihren Tränen der Rührung. Diesmal soll es keinen Zufall geben, keine Ohnmacht und keine Anarchie. Diesmal wird ihnen das Spektakel nicht aus dem Ruder laufen. Nichts wird den Massen überlassen bleiben, nichts als glänzende Augen und adventliche Stimmung. Nach dem Vormärz von Dresden die Vorweihnacht von Berlin.

Die Tribünen sind gebaut, die Plätze verteilt. Dort werden die Spitzen der beiden Staaten stehen, neben ihnen die Bürgermeister, davor das Volk. Dazwischen eine Ecke für die Fotografen. Sie werden fabelhafte Bilder nach Hause bringen. Alles Entscheidende wird zu sehen sein, die Protagonisten der Politik und hinter ihnen die großartige Kulisse, das Tor. Die Chefredakteure werden begeistert sein. Und keiner wird bemerken, dass sie alle dasselbe Bild gemacht haben, die Frauen und Männer mit den Kameras.

Alle bis auf eine. Barbara Klemm schaltet den Gedanken aus, wieder Teil der Meute zu sein, unterdrückt den Widerstand gegen die Inszenierung. Überwindet die Langeweile, die die Reden in ihr hervorrufen. Ihre Fotos zeigen die angetretenen Akteure, den Regen und die spiegelnde Nässe, im Hintergrund die grauen Massen des Tors. Es sind gute Fotos, die Redaktion wird zufrieden sein. Ihr Gespür für den Augenblick, das richtige Licht, ihr Sinn für Ausschnitt und Komposition haben sie nicht verlassen. Sie ist fertig, ihr Auftrag erfüllt, was bleibt zu tun. Von den Kollegen unbemerkt verschwindet die Fotografin. Schlüpft ins Freie, verlässt die Szene des inszenierten Schauspiels. Umrundet das Tor, gelangt auf dessen dunkle, ruhige Westseite, legt ein Stück Weg zurück, Richtung Tiergarten, Charlottenburg. Hält plötzlich ein, bleibt stehen, dreht sich um.

Sie dreht sich um und sieht das Bild. Sie weiß, das ist es, das Foto, das sonst niemand hat, die Szene, die keiner sieht. Das Bild von der Rückseite des Geschehens. Von der dunklen Seite der Nacht. Aufgenommen aus dem Rücken von Zeugen, die auf ein Ereignis blicken, das die Fotografie nicht zeigt. Was sie zeigt, ist nicht Teil des Ereignisses und gehört doch als seine Kehrseite dazu. Kopf oder Zahl. Dies ist der Rücken des Ereignisses, dies ist sein Abseits. Und jenes vielköpfige Schwarze dort ist die Rückseite eines Publikums, das auf ein unsichtbares Geschehen blickt. Wie der Chor einer griechischen Tragödie, vor den Propyläen von Berlin.

Nacht, Regen und Gegenlicht, die Szene aufzunehmen, ist nicht leicht. Man braucht ein Teleobjektiv, das man sehr ruhig halten muss, des schwachen Lichtes wegen. Das Tele rückt die Dinge zusammen, die Menschen auf der Mauer und das Tor vor ihnen. Wie in einem Scherenschnitt werden die Konturen scharf, die Köpfe, die Schirme, das Transparent. Deutschland einig Vaterland entziffert man nicht ohne Mühe. Die Verheißung von einst, das große Wort, da ist es noch einmal, gebrochen durch die Ironie der Verkehrung.

Dem Betrachter ist plötzlich, als träte er hinter sich zurück und sähe sich selbst und das Tor als Teile eines platonischen Höhlengleichnisses. Menschen mit Schirmen, die dem Licht entgegengehen. Kein Aufstand, sondern eine Prozession. Und über allem steht, grau und unheimlich, das Tor. Ein sechsbeiniges Monster, ein Riesenspielzeug, fremd und gewaltig in seiner Aura aus Nacht, Licht und Dunst. Ein Phantom der Trübe, würde Goethe sagen. So steht es vor uns im nassen Licht, das Brandenburger Tor, die wahre Hauptperson der Nacht.

Gebaut zur Zeit der Französischen Revolution, war das Tor dafür gemacht, Siegern zu huldigen und den Frieden zu feiern. Dazu bestimmt, Bilder des Sieges und des Friedens zu unterstützen. Eine Art Freiluftbühne für Siegerposen. Nun kam die Sache anders. Der Erste, der das von Langhans entworfene Bauwerk zum Bühnenbild seines Sieges machte, war Napoleon. Er feierte die Unterwerfung Preußens und entführte die Quadriga, Schadows Siegesgöttin auf dem von vier Pferden gezogenen Wagen, nach Paris. Die geplanten Einzüge siegreicher eigener Truppen sah das Tor erst in den sechziger Jahren des 19. Jahrhunderts, nach den sogenannten Einigungskriegen. Am spektakulärsten an jenem Tag im Juni 1871, an dem der Sieg über Frankreich gefeiert wurde. Danach löste sich der enge Konnex von Kriegshandlung und Bühnenbild. Zum 25. Jahrestag der Schlacht, die den Krieg von 70/71 entschieden hatte, erstrahlte das Tor, bekrönt mit dem Schriftzug „Sedan", und darunter die Worte des kaiserlichen Telegramms „Welch eine Wendung durch Gottes Führung".

Die Stunde der Inszenierungen hatte geschlagen, die die Nazis mit ihrer filmischen Aufbereitung des Fackelzugs vom 30. Januar 1930 fortsetzten. Ein einziges Mal noch erlebte das Tor einen Augenblick historischer Würde. Fotos vom 17. Juni 1953 zeigen die aufständischen Arbeiter von Ostberlin, wie sie das Tor durchqueren, in ihren Gesichtern Trotz und Entschlossenheit, kein Triumph. Ein Filmstill des Neorealismo. Männer in Drillich, die Fahnen vor sich hertragen, Menschen im Auge der Geschichte. Jetzt, im Dezember 1989, im Licht der Fernsehkameras, erscheint die Öffnung des Brandenburger Tors wie ein Sedan des Friedens. Schlusspunkt hinter der langen Ära der Geschichte der Kriege und Aufmärsche. Ende des Zeitalters der Ideologien. Posthistoire.

Barbara Klemms Foto von der Feier am Abend des 22. Dezember 1989 zeigt den Vorschein einer neuen Zeit. Schirme haben die Fahnen ersetzt, vom Aufstand des Volkes ist nur ein einsames Transparent geblieben. Niemand marschiert, niemand demonstriert mehr. Alle sind Zuschauer, blicken auf ein unsichtbares Geschehen. Der Betrachter des Bildes sieht sich selbst als Betrachter von Betrachtern. Von rechts ragt der Schemen eines Krans in Bild: Fernsehen. Man könnte meinen, die Fotografin, die die abendliche Szene von der Rückseite aufnimmt, triebe Zeit- und Medienkritik, seht her, es war ein Aufstand, es war Geschichte, jetzt ist es ein Spektakel. Ein Fest der Politiker und der Kameras. Aber solche Kritik ist nicht ihre Sache.

Die Fotografin nimmt das Ereignis von seiner Rückseite auf, von der Seite, die am wenigsten Ereignisqualität besitzt. Indem sie buchstäblich ins Nichtereignis hineinfotografiert, schreibt sie keine kritische, sondern eine monumentalische Geschichte. Was das bedeutet, muss man nicht erst bei Nietzsche nachlesen. Man kann es sehen, es zeigt sich in der Architektur des Bildes. In der Vertikalität seiner Schichten, in der Verteilung seiner hellen und dunklen Zonen.

Ein Fünftel des Bildes, der unterste, von Köpfen und Schirmen erfüllte schwarze Streifen, spricht von der Menschengeschichte. Was Menschen so machen, wenn sie zu Zuschauern und Zeugen eines historischen Ereignisses werden. Zeugen eines Geschehens, das sie als historisch empfinden, weil man nicht anders kann. Das Licht, der Ort, die Nacht. Das Fernsehen und die Reden. So sehen historische Augenblicke aus, dies ist die Geschichte der Menschen. Spürbar, greifbar, stimmig in Bild und Ton. Ereignis wird Erlebnis. Das große Tor, die schmale Pforte zum kleinen Äon. Hier passiert Geschichte, und wir können sagen, wir sind dabei gewesen.

Der Rest des Bildes, seine große obere Zone, spricht von etwas anderem. Von einer Zeit, die nicht in Epochen und Episoden rechnet, einer Zeit, die anders ist als die der Menschen. Diesen Teil des Bildes beherrscht eine übermenschlich große Gestalt. Ein Tempel, der sich aus dem nächtlichen Regenwald erhebt, bedeckt mit Schriftzeichen und Ideogrammen. Azteken, Maya, potamische Kulturen. Ein Bau, der nicht mehr klassizistisch anmutet, friderizianisch, sondern babylonisch, dem großen Baal gewidmet. Ein Geschöpf des Zweistromlands, Urmensch und Spätkultur. Die Geschichte, von der dieses Monument spricht, ist zu groß für die Subjekte, die sich unter dem Regen ducken. Ihr kann man nicht mit Schirmen begegnen.

Sich umwenden kann Unglück bringen, wen das Schicksal verderben will, den führt es in den Abgrund. Denkt an Lots Weib. Sich umwenden kann auch das Gegenteil bewirken. Vor eine verschwiegene Wahrheit bringen, den verborgenen Sinn der Dinge sichtbar machen. Sich umwenden kann einen Umbruch bewirken, wenn man es als Akt des Nachdenkens begreift, eine Überprüfung. Eine Revision im buchstäblichen Sinn, ein Zurückblicken. Im Arabischen gibt es für diese Art des Reflektierens einen Ausdruck, *a'ada al-nazar*, den Blick umkehren, zurückblicken. Er stammt vom Verb *'ada*, zurückgehen, das eine physische ebenso wie eine gedankliche Bewegung beschreibt. Ein Zurückkehren, um etwas neu zu sehen. Etwas neu zu tun.

Das Stück heißt Öffnung des Brandenburger Tors. Symbolpolitisch ist es der Höhepunkt der Aktionen im Spätherbst und Winter '89. Als wenn die Mauer erst jetzt wirklich gefallen wäre. Das Bild von Barbara Klemm zeigt eine Bühne für fünf Akteure, das Tor, die Masse, der Regen, das Licht und die Schirme. In Wahrheit sind es sechs, aber diesen sechsten übersieht man leicht. Es ist die Dunkelheit. Barbara Klemm hat immer ohne Blitz gearbeitet, ohne Kunstlicht fotografiert. Man kennt diese Beschränkung auf das gegebene Licht auch von anderen Fotografen. Es ist die optische Askese, an der man die großen Ästheten erkennt. Man nennt es Arbeit mit *available light*, dem vorhandenen Licht. Barbara Klemms Fall ist spezieller. Es scheint, als unterhalte sie eine heimliche Liebe zum Nichtlicht, als arbeite sie bevorzugt mit der *available darkness*. Aber auch dieses kostbare Dunkel, ihr magisches Schwarz, wie Peter Nádas gesagt hat, ist nur eine Passage, ein Durchgang zu einem anderen Licht. Was die Fotografin in Wahrheit sucht, ist der Riss im Dunkel, der Spalt, durch den das Licht einfällt. *There is a crack in everything / That's how the light comes in.*

Es gibt so viele Fotos von der deutschen Wiedervereinigung, die bei Tage, bei gutem Licht entstanden sind. Tadellos ausgeleuchtete Fotos, die hohe Beweiskraft haben. Historische Dokumente, bildliche Quellen. Und doch wird unser Bild von diesem Ereignis oder dieser Folge von Ereignissen auf ewig geprägt sein von dieser einen Aufnahme. Von diesem Nocturne, diesem Kind einer Liebe zum Dunkel. Barbara Klemm ist Reporterin, sie fotografiert für die Zeitung, macht Aufnahmen vom Tag und für den Tag. Aber ihre Bilder gehören einer anderen Zeit an, der Zeit der Kunst. Die Zeitung vergilbt, ihre Bilder bleiben gültig.

Die deutsche Wiedervereinigung, nur zwei Jahrzehnte vor der Ära der Smartphones geschehen, hat trotzdem Hunderttausende von Fotos hinterlassen. Die meisten von ihnen sind privater Natur und als solche der Unterscheidung von gut und schlecht entzogen. Daneben ist eine Reihe von guten Bildern entstanden, Fotos von Profis und Amateuren. Einige von ihnen werden bleiben, werden auch in späteren Jahren noch wichtige Bilder sein, wertvolle Zeugnisse und richtige Deutungen des Geschehens von damals. Dieses hier ist anders. Kein Zweifel, dass es bleiben wird. Aber man wird es nicht als Dokument der Ereignisse lesen. Es wird sein Geheimnis nicht preisgeben, es wird ein Gleichnis bleiben.

Alle Fotos entstehen zweimal. Einmal bei der Belichtung und ein zweites Mal bei der Entwicklung. Oder der Bearbeitung, im Fall der digitalen Fotografie. Barbara Klemms Anfänge in der Zeitung lagen im zweiten Bereich, dem der Entwicklung; ihr Berufsweg begann im Labor. Aber auch nachdem sie zur großen Fotoreporterin, zu *der* Klemm, geworden war, vergaß sie nie die Werkstatt in ihrem Rücken. Gelegentlich erwähnt sie im Gespräch noch ihre Kunst der Belichtung. Dann meint sie nicht den Augenblick der Aufnahme des Fotos, sondern den seiner zweiten Geburt in der Dunkelkammer. Und zitiert die Worte ihres Freundes und Lehrmeisters, des großen Redaktionsfotografen Wolfgang Haut, wenn er ihr seine Negative anvertraute: Mach's hier ein bisschen heller und dort ein bisschen dunkler. Vor allem dem Dunkelmachen ist Barbara Klemm treu geblieben; auch daraus hat sie eine Kunst gemacht. Sie hat dem Wort Dunkelkammer einen neuen Sinn gegeben.

Wie der Blick, den die Fotografin im Weggehen von rückwärts auf das Schauspiel am Brandenburger Tor wirft, ist auch unser Blick auf die Fotos von damals ein Rückblick. Eine historische Revision. Wir sehen sie jetzt anders, die Bilder von den Höhepunkten der Wendezeit Ende 1989, anders als wir sie vor dreißig Jahren gesehen haben. Und wir sehen Anderes in ihnen, als wir es damals taten. Seinerzeit waren sie Dokumente, in Einzelfällen Symbole des unblutigen Kampfes, in dem ein Volk sich selbst befreite. Des Prozesses, in dem Getrenntes sich neu verband, in dem zusammenwuchs, was zusammengehörte: Wiedervereinigung, mit dem Akzent auf wieder. Heute wissen wir, dass die Reise, die damals begann, nicht wie von selbst ins Licht führte.

Die Revision, der wir die Fotos von Barbara Klemm heute unterziehen, zeigt uns das leuchtende Dunkel und das kostbare Schwarz der Herbst- und Winternächte von '89. Wir kennen diese Welt, wir erinnern uns an sie, wir waren Zuschauer und Zeugen. Aber die Nacht von einst hat ihre lichte Anmut verloren. Wie der Mond kennt auch das Dunkel seine Phasenwechsel, und in ihnen findet unser Zeiterleben seinen Ausdruck. Barbara Klemm ist eine Fotografin der historischen Leidenschaften; das Pathos, das in ihren Fotos beschlossen ist, öffnet sich unserem Erleben. Wir betrachten sie, und es ist etwas in uns, das die Bilder dieser Zeit dunkler werden lässt.

ULRICH RAULFF, 1950 in Hülseberg in Westfalen geboren, ist Historiker und Autor. Er war Redakteur der *Frankfurter Allgemeinen Zeitung* und der *Süddeutschen Zeitung*, bevor er 2004 die Leitung des Deutschen Literaturarchivs Marbach übernahm, die er bis 2018 innehatte. Seitdem ist er Präsident des Instituts für Auslandsbeziehungen in Stuttgart und Berlin.

Er ist Mitglied der Deutschen Akademie für Sprache und Dichtung und der Berlin-Brandenburgischen Akademie der Wissenschaften und einer der Gründungsherausgeber der *Zeitschrift für Ideengeschichte*. Zu seinen Sachbüchern und Essays gehören *Kreis ohne Meister* (2009), *Wiedersehen mit den Siebzigern* (2014), *Das letzte Jahrhundert der Pferde* (2015) und zuletzt *Sauerland als Lebensform* (2021). Er lebt in Königstein im Taunus und arbeitet an einer Geschichte des Geschmacks.

Historischer Teil

Festschmuck zum 25. Jahrestag der Schlacht von Sedan, Berlin, 1. September 1895
Fotografie von B. P. Rudolphy

Einmarsch der SA, Berlin, 30. Januar 1933 (nachgestellt 1936)
Fotografie von Heinrich Hoffmann

Volksaufstand, Ost-Berlin, 17. Juni 1953
Fotografie von Richard Perlia

Baugeschichte des Brandenburger Tors

Das Brandenburger Tor wurde 1789–1793 im Auftrag des preußischen Königs Friedrich Wilhelm II. im Berliner Ortsteil Mitte als Abschluss der Prachtstraße Unter den Linden errichtet. Ausführender Architekt war der Leiter des Oberhofbauamtes, Carl Gotthard Langhans, Vorbild sollten laut königlicher Anweisung die Propyläen, das Eingangstor zur Athener Akropolis, sein. Mit seiner Neuinterpretation der Propyläen entwarf Langhans eines der ersten klassizistischen Bauwerke in Preußen. Die bekrönende Quadriga – auf einem von vier Pferden gezogenen Streitwagen blickt die Siegesgöttin Victoria gen Osten – wie auch der skulpturale Schmuck im Inneren gehen auf Entwürfe von Johannn Gottfried Schadow zurück, dem Leiter der Hofbildhauerwerkstatt und Direktor der Skulpturen beim Oberhofbauamt.

Ursprünglich als „Friedenstor" deklariert, stand das Brandenburger Tor – neben rein funktionalen Aufgaben als Stadttor – Ende des 18. Jahrhunderts für die Vorherrschaft Preußens in Europa, nachdem der König 1787 mit militärischem Druck eine Allianz mit der Republik der Vereinigten Niederlande und Großbritannien herbeigeführt hatte. Der Symbolcharakter als Herrschaftszeichen, als staatstragende

Architektur, als Berliner Wahrzeichen und als deutsches Nationalsymbol sollte dem Brandenburger Tor über die Jahrhunderte hinweg erhalten bleiben:

Am 27. Oktober 1806 zog Napoleon nach den siegreichen Schlachten bei Jena und Auerstädt mit seinen Truppen durch das Brandenburger Tor nach Berlin ein und ließ die Quadriga als Trophäe nach Paris verschicken. Erst 1814 kam sie zurück und nahm, mit einem neuen, von Karl Friedrich Schinkel entworfenen Siegeszeichen versehen, ihren Platz auf dem Tor wieder ein.

1871 führte die preußische Siegesparade anlässlich des gewonnenen Kriegs gegen Frankreich und der Gründung des Deutschen Reichs durch das Brandenburger Tor. Bis zur Abdankung Kaiser Wilhelms II. 1918 war es nur Mitgliedern der kaiserlichen Familie erlaubt, die mittlere Durchfahrt des Brandenburger Tors zu benutzen.

Am 30. Januar 1933 feierten die Nationalsozialisten ihre „Machtergreifung“ mit einem Fackelzug der SA durch das Brandenburger Tor.

Am 17. Juni 1953 holten drei Aufständische die Rote Fahne vom Dach des Brandenburger Tors und hissten die noch gemeinsame schwarz-rot-goldene Fahne der DDR und der Bundesrepublik.

Ab 1956 beteiligten sich beide Teile Deutschlands am Wiederaufbau des letzten erhaltenen Berliner Stadttors, das im 2. Weltkrieg schwer beschädigt worden war, und an der Rekonstruktion der fast gänzlich zerstörten Quadriga.

Der Bau der Berliner Mauer am 13. August 1961 isolierte das Brandenburger Tor mitten im Stadtgebiet und machte es von beiden Seiten unzugänglich. Als Symbol des Kalten Kriegs wurde sein Standort an der Grenzlinie zwischen West- und Ost-Berlin, zwischen DDR und Bundesrepublik, zwischen Warschauer Pakt und NATO auch weltpolitisch zum Thema: „Solange das Brandenburger Tor geschlossen ist, ist die Deutsche Frage offen." (Richard von Weizsäcker); „Mr. Gorbachev, open this gate! ..." (US-Präsident Ronald Reagan 1987).

Am 9. November 1989 fiel die Mauer nach massiven friedlichen Protesten der DDR-Bürger. Die Sperranlagen um das Brandenburger Tor wurden beseitigt und das gesamte Bauwerk von der Stiftung Denkmalschutz Berlin umfassend saniert. Am 3. Oktober 2002 wurde es feierlich wieder enthüllt.

Bereits erschienen:

64 Seiten, 10 Abb. in Farbe   ISBN 978-3-8296-0980-7

Michael Diers und Ulrich Pohlmann beleuchten die als Kunstwerk sowie als Dokumentationsbild berühmt gewordene Fotografie des Attentats vom 11. September 2001 auf das New Yorker World Trade Center. Der deutsche Magnum-Fotograf Thomas Hoepker hat es fotografiert, und mittlerweile ist es eine Ikone sowohl des Bildjournalismus als auch der amerikanischen Geschichte geworden.

Bereits erschienen:

48 Seiten, 5 Abb. in Farbe ISBN 978-3-8296-1012-4

Das kleine Gemälde von Caspar David Friedrich *Schwäne im Schilf* liest und deutet der Frankfurter Soziologe Tilman Allert nicht nur als Schlüsselbild einer Kindheitstragödie, er interpretiert es auch als Weichenstellung für die Künstlerwerdung des jugendlichen Caspar David Friedrich, der als 13-jähriger Knabe mit seinem ein Jahr jüngeren Bruder zu einer winterlichen Schlittschuhpartie aufbrach, bei der der Jüngere sein Leben verlor.